Tu chantes pres de ta Lisette,
Tircis, joüy de ton bonheur ;
Souvent, pour attendrir vn coeur,
Il ne faut qu'vne chansonnette.
A. Watteau inuenit   J. Audran sculpsit

BRUNETES

OU

PETITS AIRS TENDRES,

AVEC LES DOUBLES,

ET LA BASSE-CONTINUE;

MESLE'ES

,DE CHANSONS A DANSER.

Recüeillies & mises en ordre par
CHRISTOPHE BALLARD,
*seul Imprimeur de Musique, & Noteur
de la Chapelle du Roy.*

TOME PREMIER.

A PARIS,
Rüe S. Jean de Beauvais, au Mont-Parnasse.

M. DCC. III.
Avec Privilege de Sa Majesté.

A SON ALTESSE
SERENISSIME
MADAME LA PRINCESSE
DE CONTY,
DOUAIRIERE.

MADAME,

*Le Recüeil que je prends la liberté
d'offrir à vôtre ALTESSE est un tribut*

EPISTRE.

qui luy est justement dû. Il contient ce qu'il y a d'Airs François les plus parfaits dans le caractere Tendre & Naturel; He qui peut mieux sentir que Vôtre ALTESSE ces graces naïves & touchantes ? Elle qui sçait si bien l'art de gagner les cœurs, par ce charme secret & cet attrait puissant qu'une heureuse Naissance a répandus dans ses moindres discours, & ses moindres actions. Je suis avec un tres profond respect,

DE VÔTRE ALTESSE SERENISSIME,

MADAME,

Le tres humble & tres
obeïssant serviteur,
C. BALLARD.

AVERTISSEMENT.

IL y a peu de Recüeils qui doivent être reçûs plus agreablement que celuy-cy, si l'on en juge par l'empressement avec lequel il est attendu du Public. Les Airs dont il est composé ont été appellés BRUNETES, par rapport à celuy qui commence *Le beau Berger Tircis*, & qui finit par ces paroles, *Helas, Brunete, mes amours*, &c. Une preuve de la bonté de ces Airs, c'est que malgré leur ancienneté, on ne laisse pas de les apprendre & de les chanter encore tous les jours ; ceux même qui possedent la Musique dans toute son étenduë, se font un plaisir d'y goûter ce caractere Tendre, Aisé, Naturel, qui flatte toûjours, sans lasser jamais, & qui va beaucoup plus au cœur qu'à l'esprit.

Pour peu qu'on veüille jetter les yeux sur le Recüeil de ces Airs, on n'aura pas de peine à découvrir quels soins il a fallû se donner pour les publier dans toute leur perfection. On les a rangez sous six differentes suites de Tons, dans lesquels on a jetté toute la varieté possible, de sorte que des Airs simples & passionnez, on passe à leurs Doubles : Des Doubles aux Airs de Mouvement : De ces Airs aux Duo : Et des Duo aux Trio. Enchaînement qui, sans doute, ne déplaira pas aux Gens de l'Art, & qui ne laissera pas d'occuper agreablement ceux qui ne font aucune profession de Musique.

On n'a pas apporté moins d'exactitude à l'Impression des Paroles, qu'on trouvera purgées d'un nombre infini de fautes qui s'étoient glissées dans les Copies qui en ont couru. Entre les differents Couplets on en a fait choix des plus connus, & de ceux qui renfermoient quelque sel, & quelque agréement : Pour

AVERTISSEMENT.

les autres qui ne signifioient rien , ou dont le stile & les
pensées étoient fades & ennuyeuses , on a crû les de-
voir supprimer. D'ailleurs , lorsqu'il s'est rencontré
des Airs d'un seul Couplet assez agreables pour être
repetez , on y a joint de nouveaux Couplets , qui en
sont une suite naturelle.

A l'égard des douze Chansons à Danser en Rond ,
qui finissent ce Volume , on les a choisies entre les
meilleures de cette espece , & on les a fait suivre par
leurs Couplets qui pouvoient se souffrir ; mais on
s'est fait une Loy , de n'y rien mêler , aussi bien que
dans le reste de ce Volume , qui pût choquer la pudeur,
& la bienseance ; & l'on se flatre que cette délicatesse
sera du goût de tous les honnêtes Gens.

Quoique l'on ait pris soin de joindre les Basses-
Continuës à tous les Airs tendres, on n'a pû neanmoins
se dispenser de donner à ce Volume , qui en renferme
un trés grand nombre , une forme qui le rendît plus
aisé à manier & à transporter. Au reste , comme
l'on est obligé de donner une suite de ces Brunetes ,
& de ces Chansons à danser , on prie ceux qui s'inte-
ressent à ce qui regarde le goût public , de vouloir bien
communiquer ce qu'ils jugeront digne d'entrer dans le
second Volume , qu'on espere imprimer dans peu.

*L'Impression du quatriéme Volume des Parodies ,
que l'on avoit promis au Public , n'a été suspenduë que
pour faire place à celle des Brunetes , aprés le second
Volume desquelles on le fera paroître incessamment.*

TABLE

Des six suites de Tons, sous lesquels sont rangez les Brunetes, ou Petits Airs Tendres de ce Volume.

LA premiere suite est en G-RE-SOL BEMOL, depuis la page 1. jusqu'à la page 182.

La seconde suite est en G-RE-SOL BECARRE, depuis la page 83. jusqu'à la page 147.

La troisiéme suite est en C-SOL-UT, depuis la page 148. jusqu'à la page 182.

La quatriéme suite est en A-MI LA, depuis la page 183. jusqu'à la page 218.

La cinquiéme suite est en F-UT FA, depuis la page 219. jusqu'à la page 246.

La sixiéme suite est en D-LA-RE, depuis la page 247. jusqu'à la fin des Brunetes.

Toutes ces suites comprennent

   56. Airs simples avec la B-C,
    4. Duo avec le B-C.
    2. Duo sans la B-C.
  16. Trio.
  24. Doubles.
208. seconds Couplets.

En tout   310.
sans les Chansons à Danser.

TABLE
ALPHABETIQUE

des Brunetes, ou Petits Airs Tendres divisez en six suites de Tons.

TABLE
DES CHANSONS
A DANSER EN ROND.

FIN DES TABLES.

BRUNETES

OU

PETITS AIRS TENDRES,

AVEC LES DOUBLES

ET LA BASSE-CONTINUE,

MELE'S

DE CHANSONS A DANSER:

Suite en G re sol Bemol.

Basse-Continue.
TOME I.

A

Prés   de   sa   che- re An-   nete :
Basse-Continue.

nete : Sur les bords   du Loir assis,
Basse-Continue.

Chantoit des- sus   sa Mu-   sete ; Ah !
6   65
Basse-Continue.

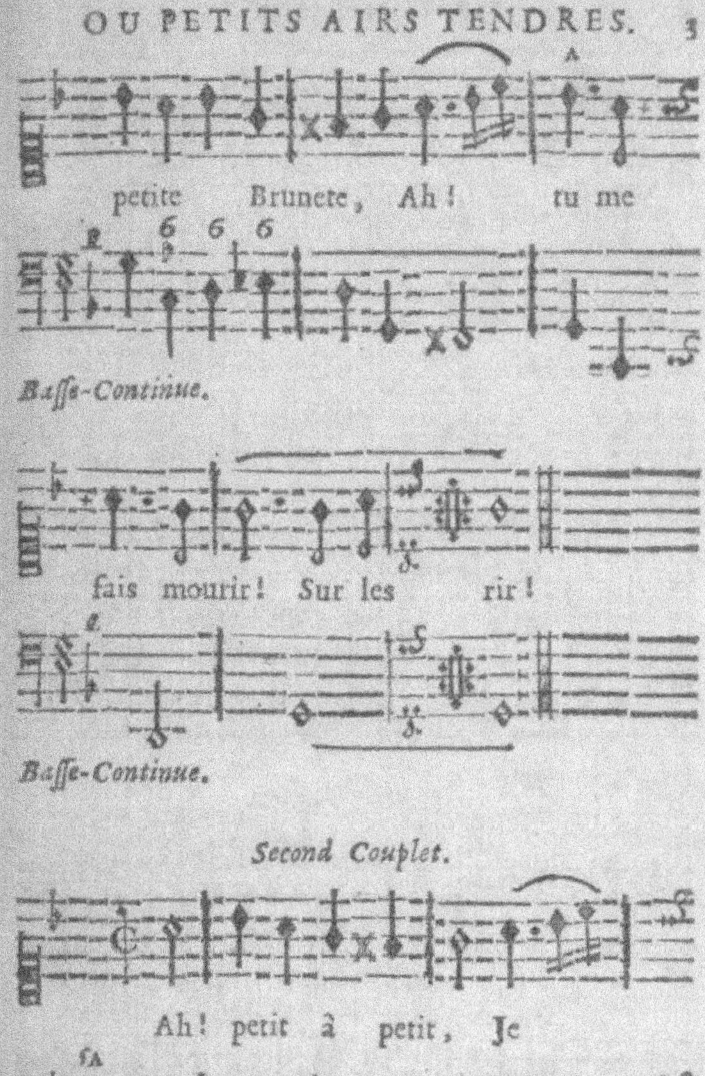
petite Brunete, Ah! tu me
Basse-Continue.
6 6 6
fais mourir! Sur les rir!
Basse-Continue.
Second Couplet.
Ah! petit à petit, Je
sens que je m'en- gage: gage: L'Amour

A ij

Autres Couplets.

Second Couplet.

Au lieu d'aller paiſſant
La pointe de l'herbette :
Son cher troupeau languiſſant ;
Se couche prés ſa houlette :
Ah ! petite Brunete ,
Ah ! tu me fais mourir !

A iij

Troisiéme Couplet.

Les Ruisseaux vont roulant
Leur onde pure & nete,
Et murmurent, se mêlant
Aux larmes que Tircis jete :
Ah ! petite Brunete,
Ah ! tu me fais mourir !

Quatriéme Couplet.

Les Echos d'alentour
Que sa plainte discrete
Fait encor sécher d'amour,
Redisent la Chansonnete ;
Ah ! petite Brunete,
Ah ! tu me fais mourir !

Autre Couplet.

Rêver incessamment,
Chercher la solitude ;
S'habiller negligemment
Cherir son inquietude ;
C'est là toute l'érude,
D'un malheureux Amant.

Autre Couplet.

Vous negligez mes soins
Ma tendresse vous gêne ;
Mes tristes yeux sont témoins,
De vôtre nouvelle chaîne :
Et pour comble de peine,
Je n'en ayme pas moins.

J'Ay passé deux jours, sans vous

Basse-Continue.

voir, Plus cruels qu'on ne pense:

Basse-Continue.

se: Je serois mort de desespoir D'u-

Basse-Continue.

A iv

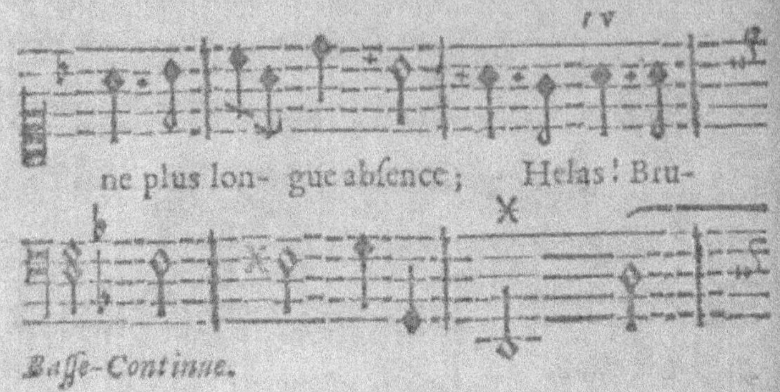
ne plus lon- gue abſence ;   Helas ! Bru-
Baſſe-Continue.

nete   mes amours,   Ne puis-je
Baſſe-Continue.

vous voir   tous les jours! Helas ! Bru- jours !
Baſſe-Continue.

Second Couplet.

Troisiéme Couplet.

Tircis, foyez mieux informé
De mon fort & du vôtre,
Ingrat, vous eftes feul aymé,
Je n'en ayme point d'autre ;
Objet de mes tendres amours,
Vous pouvez me voir tous les jours.

Quatriéme Couplet.

Je paffois autrefois chez vous
Tous les jours de ma vie ;
Privé d'un commerce fi doux
Je languis, je m'ennuye ;
Helas ! Brunete mes amours,
Quand vous verray-je tous les jours ?

Autres Couplets.

J'ay voulu, pour me rendre heureux,
Vous voir & vous entendre ;
Que l'un & l'autre est dangereux,
Quand on a le cœur tendre ?
Je vois où je vais m'engager,
Mais je ne crains point le danger.

Second Couplet.

S'il est vray qu'à l'Amour constant
Il n'est rien d'impossible,
Le mien trouvera quelque instant
Où vous serez sensible ;
Brunete, que ne voulez-vous
Avancer des moments si doux ?

Troisiéme Couplet.

Non, jamais vos divins appas
N'ont fait tant de conquêtes,
A quatorze ans vous n'estiez pas
Si belle que vous estes ;
Objet de mes tendres amours,
Vous embelissez tous les jours.

Quatriéme Couplet.

Vos yeux font devenus plus doux
Et vos couleurs plus vives,
Tous les Bergers souffrent pour vous,
Sur ces aymables rives;
Helas! Brunete mes amours,
Vous embelliffez tous les jours.

Cinquiéme Couplet.

De tous les Bergers de ces bois
Je suis le plus fidele,
De cent Bergeres que je vois
Vous estes la plus Belle;
Objet de mes tendres amours,
Vous embelliffez tous les jours.

Sixiéme Couplet.

Des Bergers qu'Amour a soûmis
A vôtre loy fevere,
A qui donnerez-vous le prix,
Mon aymable Bergere?
Helas! que je ferois heureux,
Si c'estoit au plus amoureux!

Septiéme Couplet.

On m'a vû souffrir mille maux
Avec tant de constance,
Que je devrois sur mes Rivaux
Avoir la preference ;
Mais, helas ! le plus Amoureux,
N'est pas toûjours le plus Heureux.

Huitiéme Couplet.

Ne croyez pas que vos mepris
Epuisent ma constance,
Quand vos rigueurs seroient le prix
De ma perseverance ;
J'aymerois mieux perdre le jour,
Que de voir finir mon amour.

Autre Couplet.

Plus je vois la charmante Iris,
Plus je sens que je l'ayme,
Ainsi que ses cruels mepris
Ma constance est extrême ?
Helas ! sa haine & mon amour,
Augmenteront-ils chaque jour !

Autre Couplet.

Le doux Printemps est de retour
Et la plaine est fleurie,
Zephire & Flore font l'amour,
Il n'est que toy , Silvie ,
Qui n'as jamais voulu songer
A trouver l'heure du Berger.

Autres Couplets.

Vous ne comptez point comme moy
Les moments de l'absence ,
Et c'est là mon unique employ
Hors de vôtre presence ;
Je commence à m'en rebuter ,
Vous m'en donnez trop à compter.

Second Couplet.

Autrefois fidele , & constant
Je répandois des larmes ,
A present je vis plus content
Je meprise vos charmes ;
Brunete , je sçay de vos tours ,
Vous ne serez plus mes amours.

Troisiéme Couplet.

Je vous vois aymer mes Rivaux,
Sans m'en mettre en colere :
J'ay choisi des plaisirs nouveaux,
Un autre a sçû me plaire ;
Non, non, Brunere, de vos jours
Vous ne serez plus mes amours.

JE suis charmé d'une Brune,
Basse-Continue.
6 6

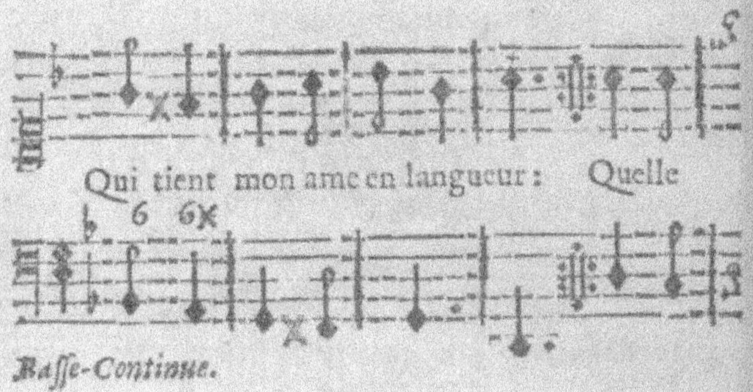
Qui tient mon ame en langueur : Quelle
6 6
Basse-Continue.

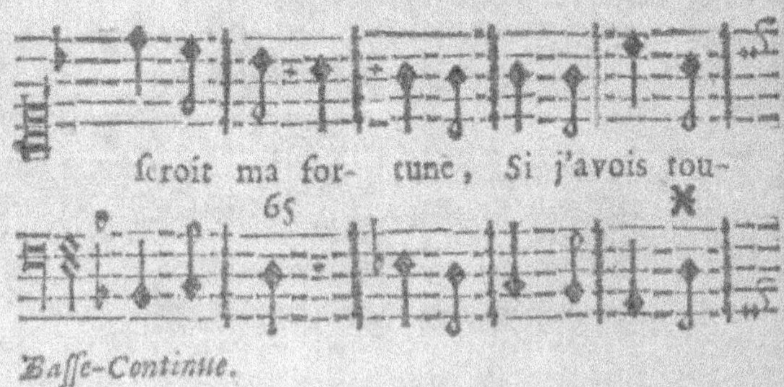
seroit ma for - tune, Si j'avois tou-
65
Basse-Continue.

ché

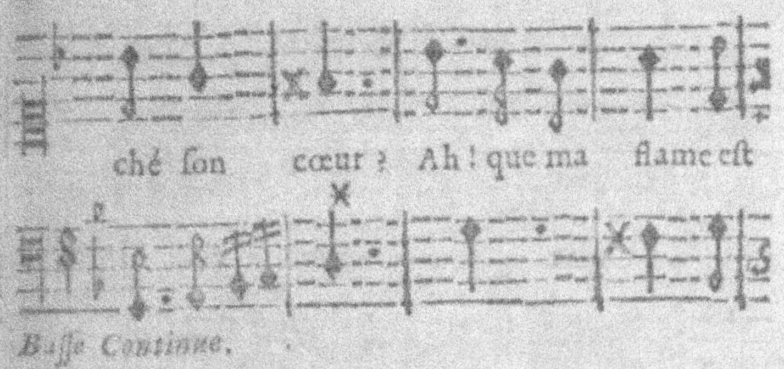
ché son   cœur ? Ah ! que ma   flame est
Basse-Continue.

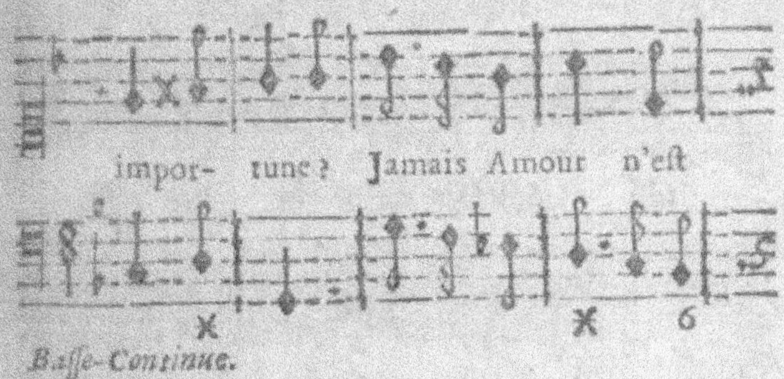
impor-   tune ? Jamais Amour   n'est
6
Basse-Continue.

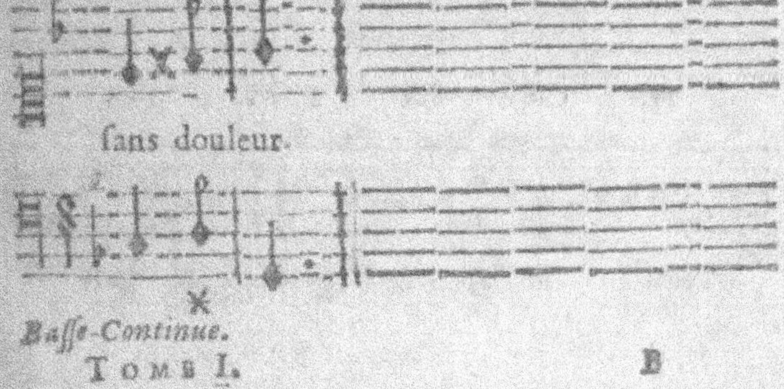
sans douleur.
Basse-Continue.

Second Couplet.

Troifiéme Couplet.

Elle a l'air d'une Déeffe,
Rien ne manque à fes appas :
Qu'une certaine tendreffe
Que fon cœur ne connoît pas :
Les traits, dont fa rigueur me bleffe,
Me font fouffrir mille trépas.

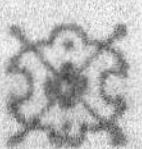

B ij

Sujet.   TRIO

Mon cher troupeau, cher- chez la
Mon cher troupeau, cher- chez la
Mon cher troupeau, cherchez la

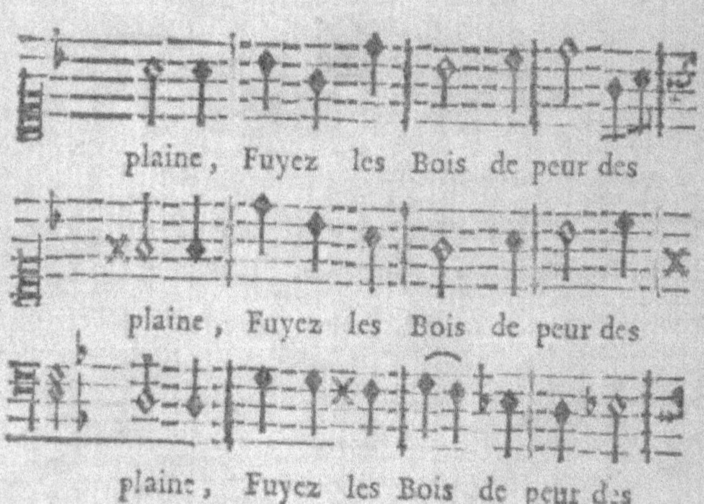

plaine, Fuyez les Bois de peur des
plaine, Fuyez les Bois de peur des
plaine, Fuyez les Bois de peur des

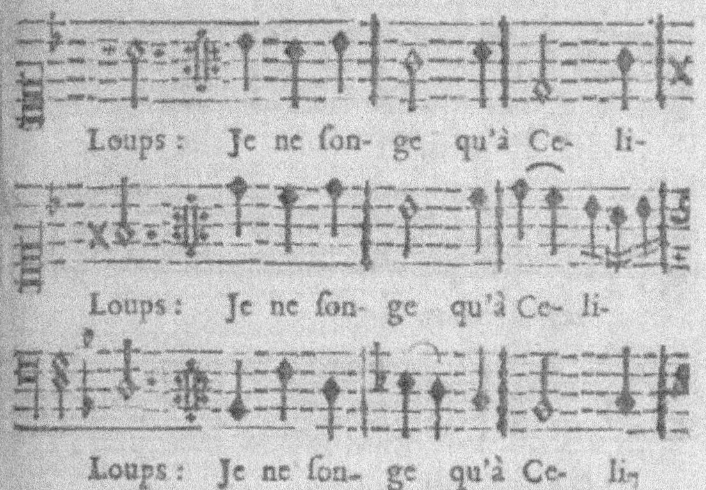
Loups : Je ne fon- ge qu'à Ce- li-
Loups : Je ne fon- ge qu'à Ce- li-
Loups : Je ne fon- ge qu'à Ce- li

mene, Je ne fçau- rois fon-
mene, Je ne fçau- rois fon-
mene, Je ne fçau- rois fon-

B iij

Second Couplet.

Helas ! dans mon malheur extrême,
Je vois qu'il faut tout hazarder :
Je n'ay pû me garder moy-même,
Comment pourrois-je vous garder?

C'Est dans ces lieux où regne l'inno-
Basse-Continue.

cence, Jamais A- mant n'y dit que
Basse-Continue.

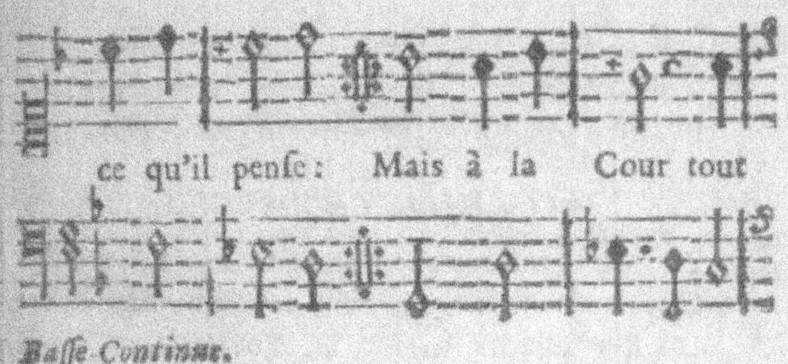
ce qu'il pense: Mais à la Cour tout
Basse-Continue.

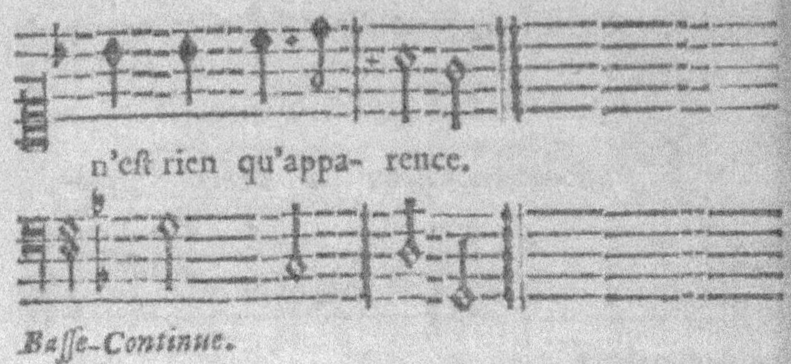

Basse-Continue.

Second Couplet.

L'on peut icy sur la verte fougere,
Passer le jour auprés de sa Bergere :
Mais à la Cour, il faut trop de mystere.

Troisiéme Couplet.

Ce sont les fleurs qui font nôtre parure,
Nous nous lavons avecque de l'eau pure :
Nôtre Beauté doit tout à la Nature.

Quatriéme Couplet.

Dans vôtre Cour jamais l'amour ne dure,
Tous vos discours sont remplis d'imposture :
Les plus beaux teints sont couverts de peinture.

Cinquiéme Couplet.

Tous les presents que l'on fait à nos Belles,
Ce sont des fruits, ce sont des fleurs nouvelles:
Ou quelquefois un nid de Tourterelles

Sixiéme

Sixiéme Couplet.

Loin de vos yeux le destin me rappelle,
Soyez toûjours anssi tendre que belle :
Jusqu'à la mort je vous seray fidele.

Septiéme Couplet.

Pendant le temps d'une trop longue absence,
De mon amour soyez en assûrance :
Ne formez point de soupçon qui l'offense.

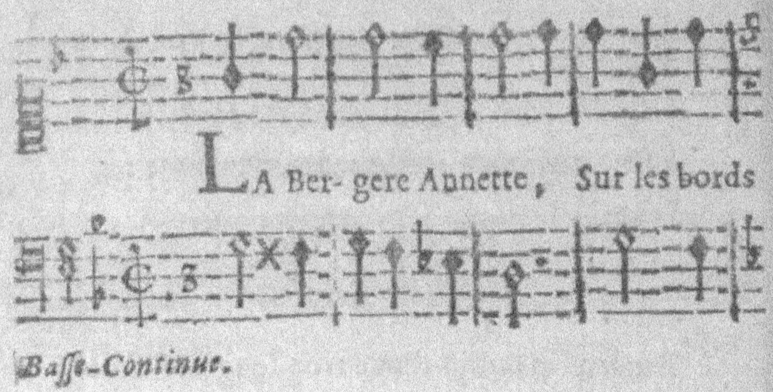
LA Ber- gere Annette,   Sur les bords
Basse-Continue.

d'un ruisseau ,   Filoît   fa que-   noüil-
Basse-Continue.

lette , En gardant son   Troupeau :
Basse-Continue.

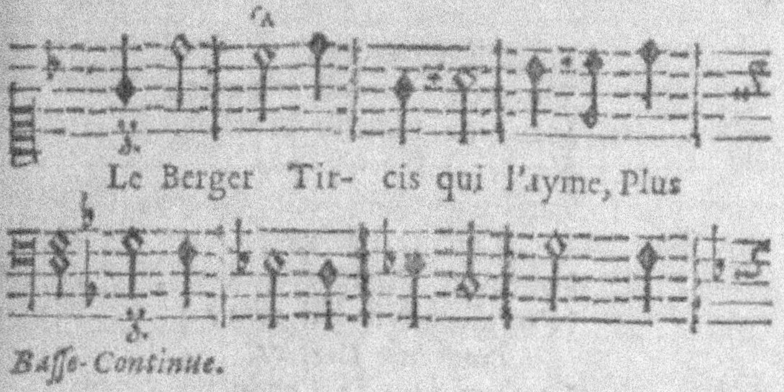

Le Berger Tir- cis qui l'ayme, Plus
Basse-Continue.

que luy-même; Luy racon- toit ain-
Basse Continue.

si, Son amoureux soucy.
Basse-Continue.

Second Couplet.

Jeune Paſtourelle,
Ton œil eſt plein d'appas :
Mais ton humeur cruelle,
Ne luy reſſemble pas.
Faut-il que ton cœur ignore,
Que je t'adore ?
Pourquoy s'il le ſçait bien,
N'en découvre t'il rien ?

Troiſiéme Couplet.

Lorſque dans la Lande,
Où nous eſtions tous deux,
Je mis une Guirlande,
Deſſus tes blonds cheveux ;
Tu me traitas en colere,
De Temeraire ;
Et de ta blanche main,
Tu la rompis ſoudain.

Quatriéme Couplet.

Un jour dans la danſe,
Un Berger inconnu,
Eût aſſez d'aſſûrance,
Pour baiſer ton ſein nud.
Tu ne fis point la farouche,
Et quand je touche,
Seulement ton habit ;
Tu rougis de depit.

Cinquiéme Couplet.

L'éclat de tes charmes,
Enflamme mes deſirs,
Il m'en coûte des larmes,
Des chagrins, des ſoûpirs.
Tu le vois, belle Inhumaine,
Sans eſtre en peine,
Si je pourray ſouffrir
Tes rigueurs, ſans mourir,

Sixiéme Couplet.

Et qu'il te souvienne,
Que gravant d'un coûteau ,
Ta devise & la mienne,
Sur le tronc d'un ormeau ;
Pour toy ce fut une offense,
Par une absence
Qui dura plus d'un mois,
Tu me mis aux abois.

Septiéme Couplet.

Mes bleds dans la plaine ,
Mes vins sur les côteaux ;
Milles Bêtes à laine ,
Des Chévres , des Taureaux ;
Mon adresse , mon âge ,
Et mon courage ,
Ma tendresse , ma foy ,
Ne peuvent rien sur toy.

Huitiéme Couplet.

Outre la Musette ,
Dont je t'ay fait un don ,
Je grave une Houlette ,
Des chiffres de ton nom ;
Dans peu de jours je l'acheve ,
Et je t'éleve ,
Les petits d'un Faisant ,
Pour te faire un present.

Neuviéme Couplet.

Dans nôtre Prairie ,
Un Loup batit nos Chiens ;
Menaçant en furie ,
Tes Troupeaux & les miens ;
Tu vis avec quelle adresse,
Quelle vitesse ;
La houlette à la main ,
J'attaqu'ay l'Inhumain.   C iij

Dixiéme Couplet.

Dans nôtre Village
Un Soldat effronté,
Voulut faire un outrage
A ta jeune Beauté ;
Si quelqu'un de l'affiſtance,
    Prit ta deffenſe,
Plus hardiment que moy ;
Je m'en rapporte à toy.

Onziéme Couplet.

Quand de nos Montagnes
Un grand Ours deſcendu,
Rendit de ces Campagnes,
Tout le peuple éperdu ;
Nos Bergers qui s'étonnerent,
    T'abandonnerent :
Tu vis, ſans me vanter,
S'il pût m'épouvanter

Douziéme Couplet.

Je t'offris ſa patte,
Car j'en fus le vainqueur ;
Ce fut là, Belle Ingrate,
Que je connus ton cœur !
Helas, de m'être obligée,
    Preſque enragée,
Daignas-tu ſeulement,
Me parler un moment ?

Treiziéme Couplet.

Satisfay ta haine ;
Si mon trepas te plaiſt :
Aimable Inhumaine,
Prononce m'en l'arreſt :
Pour peu que mon ſort te touche,
    Et qu'à ta bouche
Il en coûte un ſoûpir,
Trop heureux de mourir !

Quatorziéme Couplet.

La jeune Bergere
Pendant tout ces difcours,
D'une main ménagere
Alloit filant toûjours;
Mais fon ame fut atteinte
    De cette plainte,
Son fufeau par trois fois
Luy tomba de fes doigts.

Quinziéme Couplet.

La Rofe vermeille,
Quand le Soleil la peint,
N'eft point encor pareille
A l'éclat de fon teint;
C'eft une difcrette honte
    Qui la furmonte,
Que ce jeune vainqueur
Soit maître de fon cœur.

Autre cheute de la même Chanfon.

Il finit fa plainte,
La Bergere s'en rit;
Il en eût l'ame atteinte,
De rage & de depit:
Puis fans pleurer davantage,
    D'un tel outrage,
La voyant rire ainfi,
Se mit à rire auffi.

Un de nos Bergers l'autre
Basse-Continue,

jour, Un de nos Bergers l'autre jour, Di-
Basse-Continue,

soit aux Echos d'alentour, Sentant sa
Basse-Continue,

pei- ne ex- trême ; Ah ! si c'est un mal
Basse-Continue.

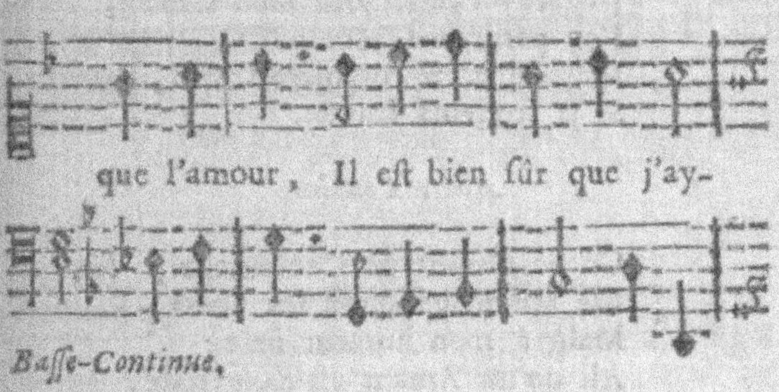
que l'amour, Il est bien sûr que j'ay-
Basse-Continue.

me. Ah ! si c'est me.
Basse-Continue.

Second Couplet.

J'abandonne aux Loups mon troupeau: *bis.*
Et ne vais plus dans le hameau
Le Dimanche & la Fête ;
Danse qui voudra sous l'Ormeau,
J'ay d'autres soins en tête.

Troisiéme Couplet.

Je ne m'informe plus de rien, *bis.*
J'égaray l'autre jour mon Chien ,
J'ay perdu ma Houlette :
Mais je m'en consolerois bien ,
Si je trouvois Lisette.

Autre Couplet.

Un de nos Bergers amoureux , *bis.*
Ma rendu sensible à ses vœux ,
Malgré mon humeur fiere :
Ah qu'un Amant est dangereux ,
Quand il a dequoy plaire !

Autre Couplet.

Quand on est tout seul amoureux , *bis.*
L'Amour est un Dieu dangereux ,
On languit dans ses chaînes :
Mais dés le moment qu'on est deux ,
On les souffre sans peine.

Sujet. TRIO.

Vous partez, belle Climene,
Vous partez, belle Climene,
Vous partez, belle Climene,

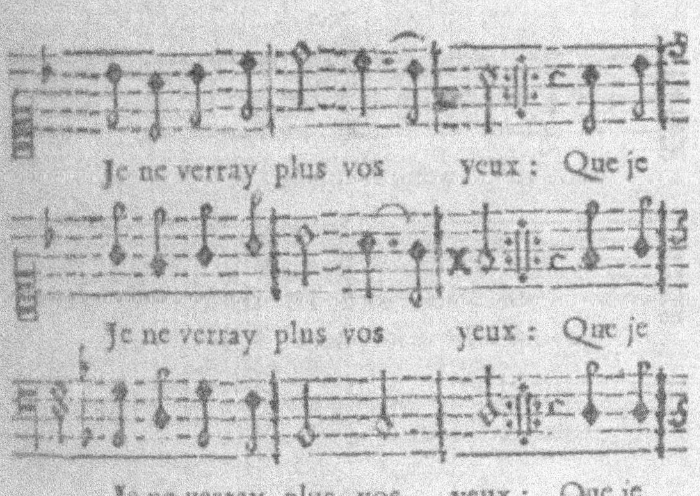
Je ne verray plus vos yeux: Que je
Je ne verray plus vos yeux: Que je
Je ne verray plus vos yeux: Que je

vay souffrir de peine, Que tout
vay souffrir de peine, Que tout
vay souffrir de peine, Que tout

va m'estre ennuyeux !
va m'estre ennuyeux !
va m'estre ennuyeux !

Second Couplet.

Moy qui fus toûjours fidele,
Dois-je mourir de vos coups ?
Du moins plaignez-moy, Cruelle,
Le trépas me sera doux.

Troisiéme Couplet.

Helas ! malgré vôtre haine,
Que je ferois de Jaloux :
Si je pouvois, Inhumaine,
Expirer à vos genoux ?

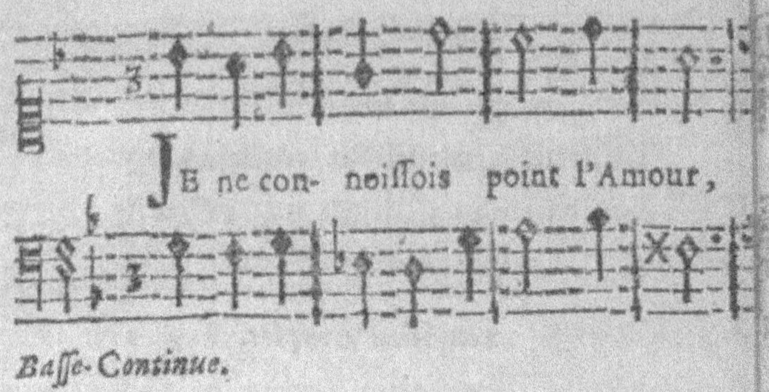

Basse-Continue.

Basse-Continue.

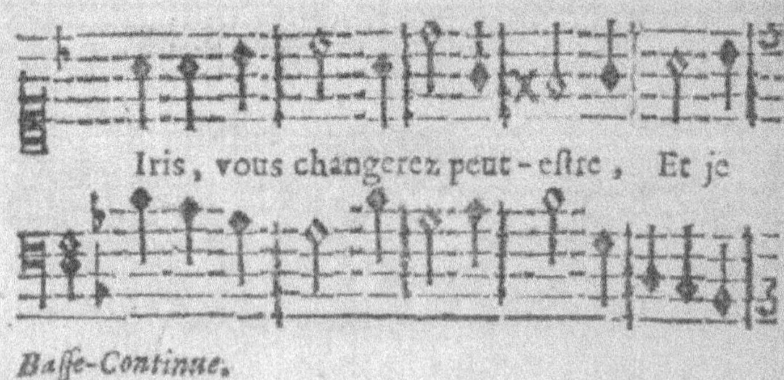

Basse-Continue.

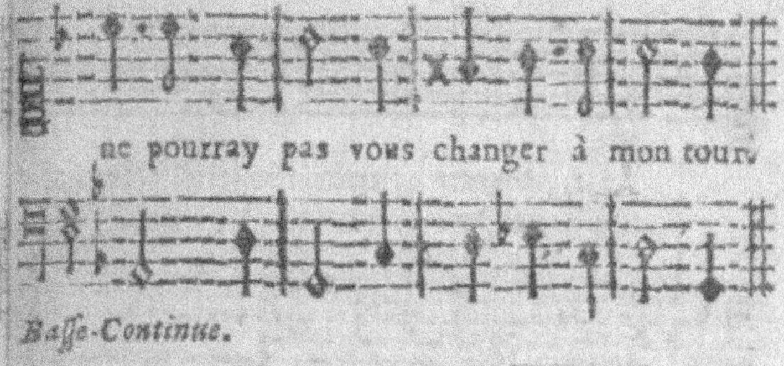

Basse-Continue.

Second Couplet.

Je mourrois, si quelque autre choix
Vous faisoit briser nôtre chaîne,
Un cœur, qui s'enflamme avec peine,
Dût-il estre trahy, ne brûle qu'une fois.

Troisiéme Couplet.

Aymable Iris, à mon ardeur
Pardonnez ces tendres allarmes :
Où trouverois-je autant de charmes ?
Mais, où trouveriez-vous un si fidele cœur ?

Basse-Continue.

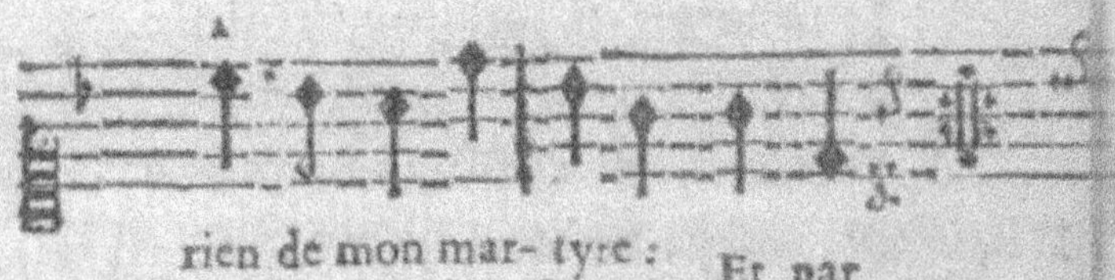

Basse-Continue.

Basse-Continue.

gui

guis & je soû-   pire; Mais en-
6   X   7♭
Basse-Continue.

fin je suis amou-   reux,   C'est af-
6   6
Basse-Continue.

sez pour estre heureux! Mais en-   reux!
7♭
Basse-Continue.

TOME I,   D

Second Couplet.

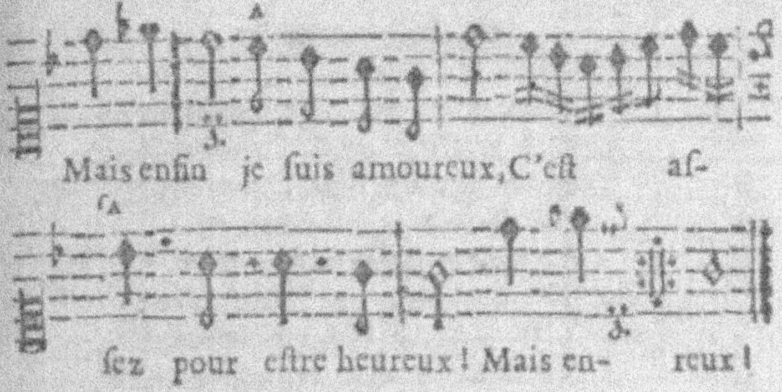

Troisiéme Couplet.

D'une si rare Beauté
Je porte & cheris les chaînes,
Elle passe en cruauté,
Même les plus Inhumaines ;
J'ay des Rivaux quantité,
Rivaux, jaloux de mes peines.
Mais enfin je suis amoureux,
C'est assez pour estre heureux !

Quatriéme Couplet.

Dieux ! qui pourroit concevoir
Combien ma peine est cruelle ?
Quand je cesse de la voir
Ma douleur devient mortelle,
Je l'ayme sans nul espoir
Je suis hay, quoyque fidele ;
Mais enfin je suis amoureux,
C'est assez pour estre heureux !

D ij

Cinquiéme Couplet.

Mon cœur toûjours malheureux
Craint ses yeux & leur puiſſance,
Pour fuïr un ſort rigoureux
J'éviterois ſa preſence,
Elle peut flater mes vœux
De quelque douce eſperance :
Car enfin je ſuis amoureux,
C'eſt aſſez pour eſtre heureux!

Autres Couplets.

Profitez mieux des talents
Que la Nature vous donne,
Avec des yeux ſi charmants
Vous ne regardez perſonne ;
Une foule de Galants,
En tous lieux vous environne :
Parmi tant de Gens amoureux,
N'en faites-vous point d'heureux ?

Second Couplet.

Je ne vous vis qu'un moment,
Et depuis ce badinage
Je ſoûpire inceſſamment,
Je ne me ſens plus volage,
Vous cauſez ce changement :
Mais avant que je m'engage,
Si de vous je ſuis amoureux,
Dites-moy, ſeray-je heureux ?

Troisiéme Couplet.

Vôtre esprit paroît charmant ,
Je ne sçaurois m'en deffendre ;
Si je voulois un Amant ,
C'est vous que je voudrois prendre ;
Aymeriez-vous constamment ?
Ah c'est là mon endroit tendre !
Rien pour moy n'est plus dangereux ,
Qu'un Amant bien amoureux.

Duo.

Tu ne dois pas, jeune Li-
Tu ne dois pas, jeune Li-
Basse-Continue.

set- te, Choisit un autre Berger que
set- te, Choisir un autre Berger que
Basse-Continue.

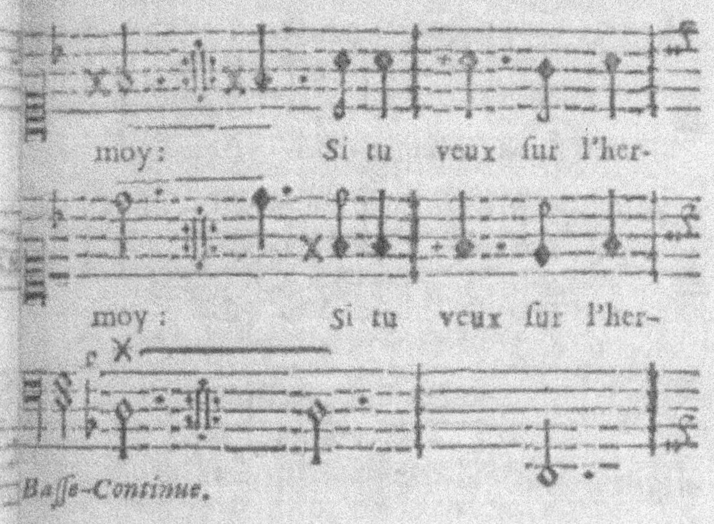
moy:
Si tu veux fur l'her-
moy:
Si tu veux fur l'her-
Baſſe-Continue.

bete, Me donner ta foy; Mes Mou-
bete, Me donner ta foy; Mes Mou-
Baſſe-Continue.

tons , mon Chien , ma Mu-   fete ;
tons , mon Chien , ma Mu-   fe-   te ;
Baſſe-Continue.

Tout dépendra   toûjours   de   toy.
Tout dépendra   toûjours   de   toy.
Baſſe-Continue.

Second Couplet.

D'autres Amants , pour te surprendre ,
Viendront t'offrir des soins & des vœux :
    Avant que de te rendre ,
    Eprouve leurs feux :
Si ton cœur est pour le plus tendre ,
Ah je seray le plus heureux :

Troisiéme Couplet.

Je veux toûjours estre Lisette :
Rire & chanter est le tout pour moy ;
    Si j'allois sur l'herbette
    Te donner ma foy ,
Aujourd'huy j'aurois ta Musette ,
Je dépendrois demain de toy.

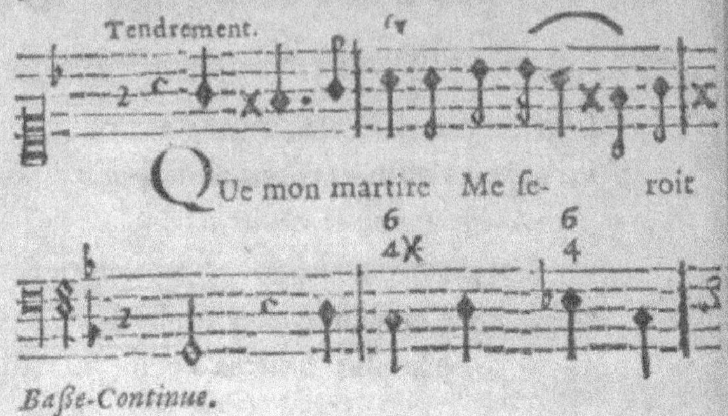

Baſſe-Continue.

Baſſe-Continue.

Baſſe Continue.

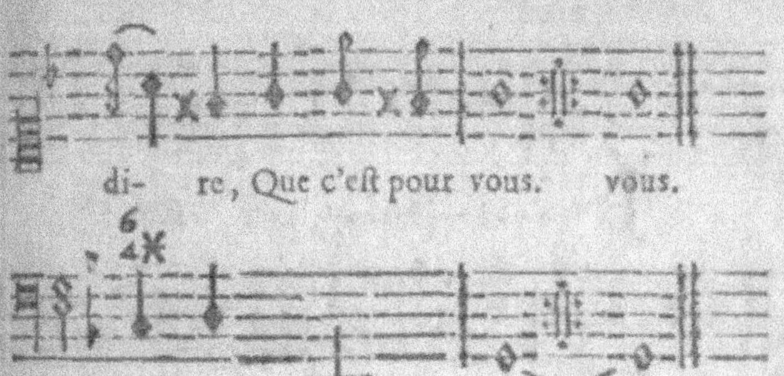

Baſſe-Continue.

Second Couplet.

Sujet.   T R I O.
Gayement.

nonce à la tendresse, Et je brise
nonce à la tendresse, Et je brise
nonce à la tendresse, Et je brise

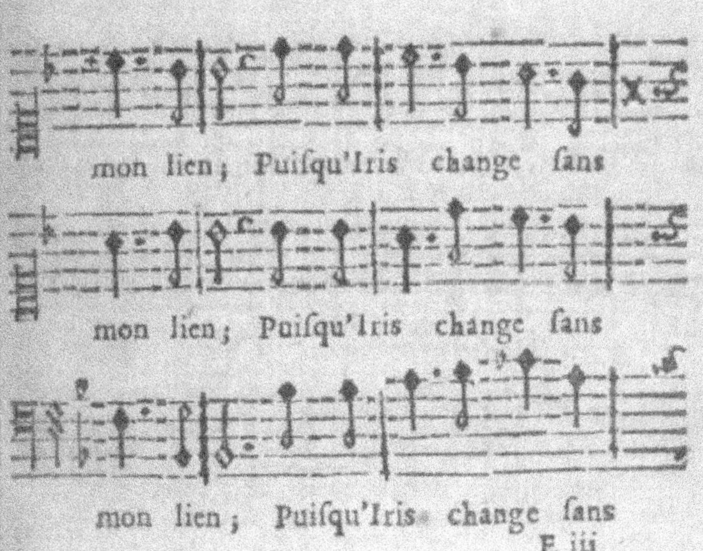
mon lien; Puisqu'Iris change sans
mon lien; Puisqu'Iris change sans
mon lien; Puisqu'Iris change sans

E iij

cesse, Je ne veux plus ay- mer
cesse, Je ne veux plus ay- mer
cesse, Je ne veux plus ay- mer

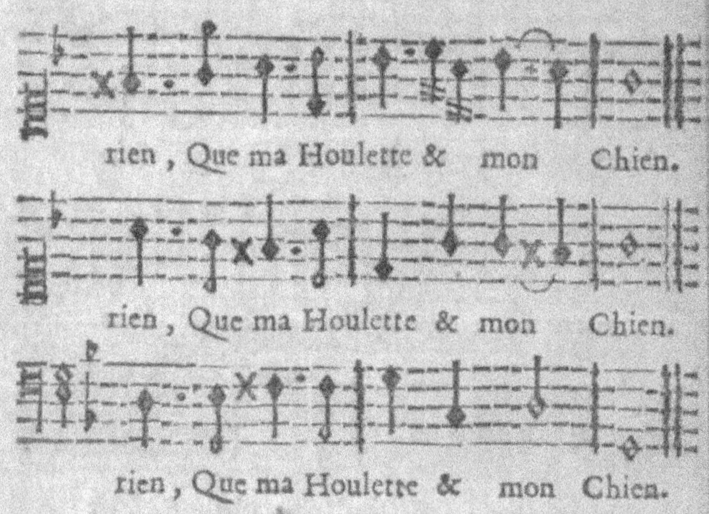
rien, Que ma Houlette & mon Chien.
rien, Que ma Houlette & mon Chien.
rien, Que ma Houlette & mon Chien.

Basse-Continue.

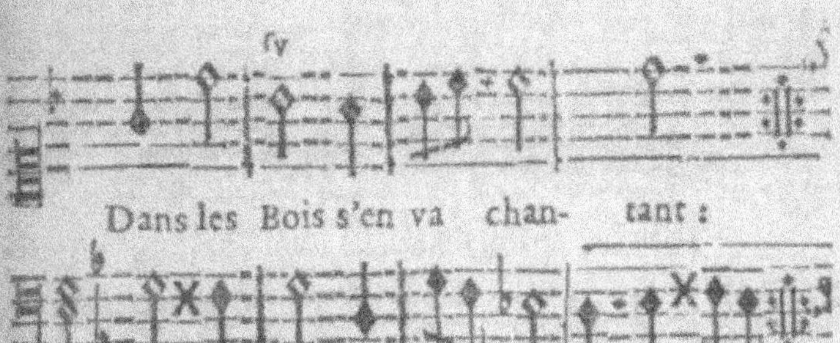

Basse-Continue.

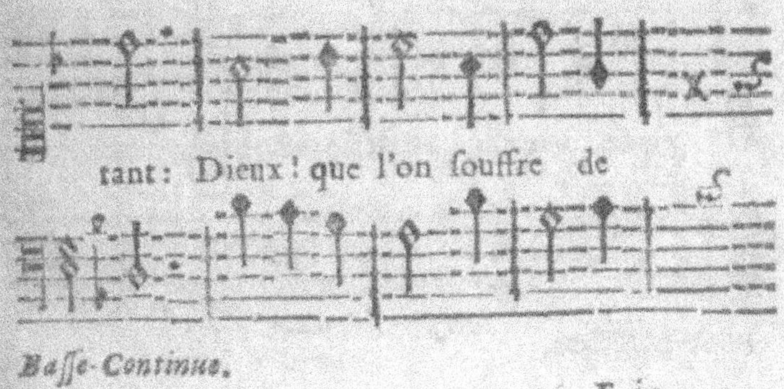

Basse-Continue.

E iv

Basse-Continue.

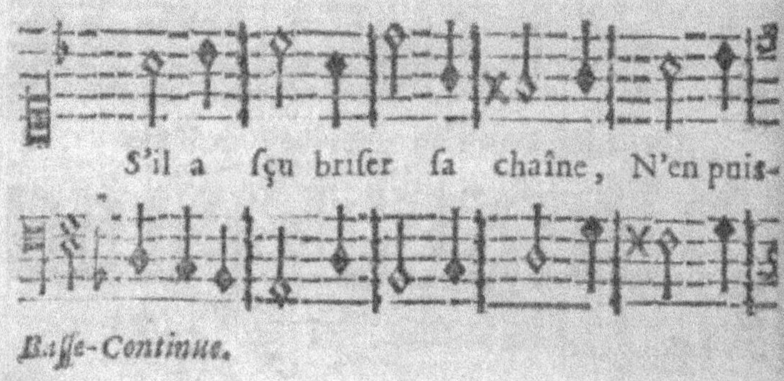

Basse-Continue.

Basse-Continue.

Second Couplet.

Troisiéme Couplet.

Non, je ne puis me deffendre
Des charmes de ce Berger;
Ma raison, il faut se rendre,
Et bien qu'il ait sçû changer,
Mon cœur est encore plus tendre,
Que son esprit n'est leger.

Autre Couplet.

J'ayme Iris plus que moy-même;
Elle approuve mon ardeur;
Mes soins, ma tendresse extrême,
Ont sçû vaincre sa rigueur;
Estre aimé de ce qu'on aime,
Est-il un plus grand bonheur !

Autre Couplet.

Lorsque l'on voit une Belle ,
Dans le Cours se promenant :
Son Amant qui meurt pour elle ,
Fait cent tours en la suivant ;
Cependant cette Infidele ,
Pour un autre en fait autant;

J'Allois au Marché ce matin, Pour
Basse-Continue.

faire quelque emplette : J'allois au
Basse-Continue.

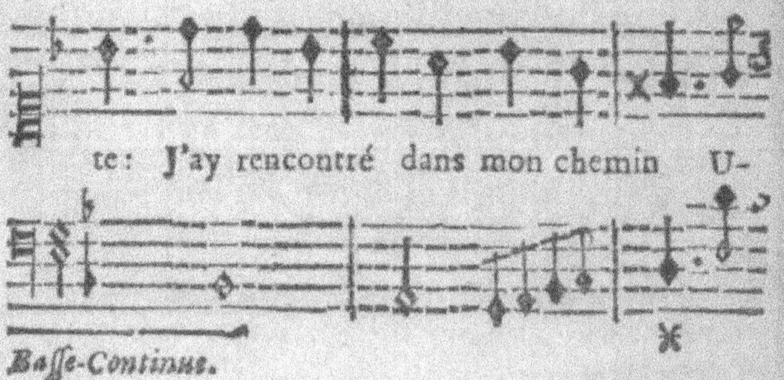
te: J'ay rencontré dans mon chemin U-
Basse-Continue.

ne jeune Fillet-   te, Allons aux
Basse-Continue.

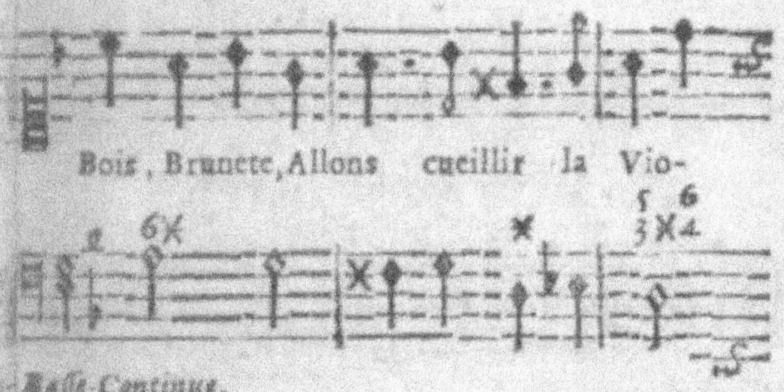
Bois, Brunete, Allons   cueillir la Vio-
Basse-Continue.

let- te.
Basse-Continue.

Second Couplet.

Si nous eſtions allez aux Bois,
Répondit la Fillette :
Peut-être que vous feriez choix ;
De quelqu'autre fleurette ;
Allons au Bois, Brunete,
Allons cueillir la Violette.

Troiſiéme Couplet.

Vous ſçavez donc bien mon deſſein,
Petite Bergeonnette :
Et qu'elles ſont ſur vôtre ſein
Les fleurs que je ſouhaite,
Allons au Bois, Brunete,
Allons cueillir la Violette.

Quatriéme Couplet.

Vous pouvez en chercher ailleurs,
Répondit la Finette :
Pour moy je ſuis pour les Railleurs,
Bon cheval de trompette ;
Allons au Bois, Brunete,
Allons cueillir la Violette.

Quatriéme Couplet.

Brunete, sans tant de caquet
Allons deſſus l'herbette :
Nous y pourrons faire un bouquet,
Et quelque autre choſette ;
Allons au Bois, Brunete,
Allons cueillir la Violette.

Cinquiéme Couplet.

Ne dites donc point à mes Sœurs ;
Qu'avecque vous ſeulette :
Je ſuis allé cueillir des fleurs ;
Et vôtre affaire eſt faite ;
Allons au Bois, Brunete,
Allons cueillir la Violette.

Vous estes ma Maî- tref- fe,
Baſſe-Continue.

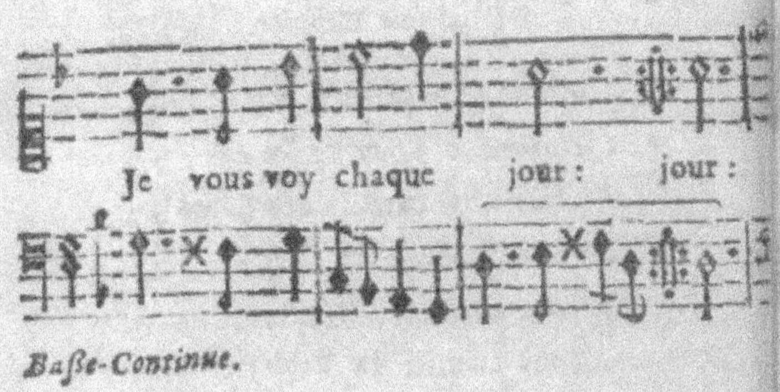
Je vous voy chaque jour : jour :
Baſſe-Continue.

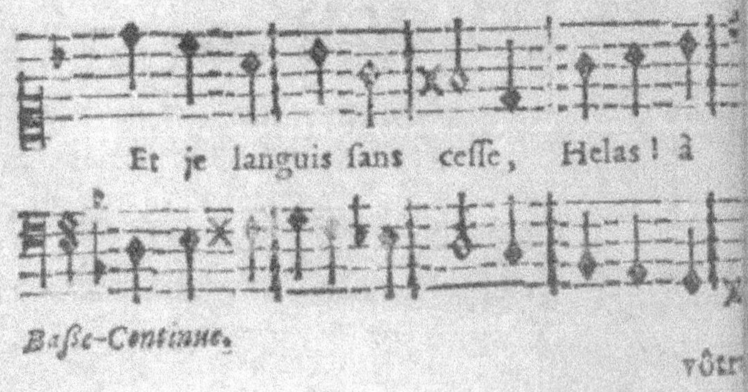
Et je languis sans cesse, Helas ! à
Baſſe-Continue.

vôtre

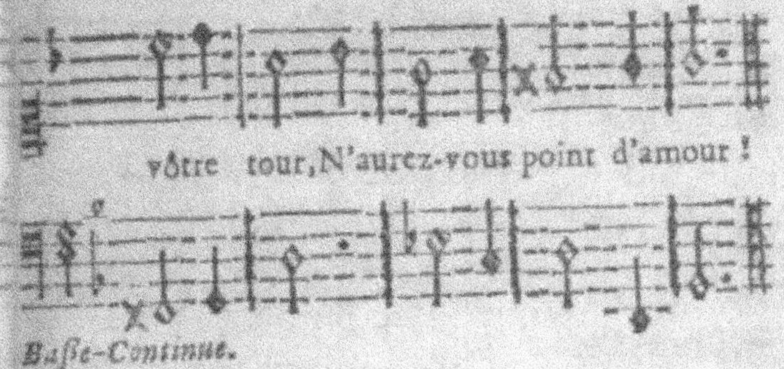

Baſſe-Continue.

Second Couplet.

Tout ne ſonge qu'à rire,
Dans ce charmant ſéjour,
Et moy ſeul j'y ſoûpire :
Helas ! à vôtre tour,
N'aurez-vous point d'amour !

Troiſiéme Couplet.

Les Bois & les Fontaines,
Les Rochers d'alentour
Vous rediſent mes peines ;
Helas ! à vôtre tour,
N'aurez-vous point d'amour !

Quatriéme Couplet.

Tircis à ſa Bergere,
Ainſi parloit un jour :
Elle en fût moins ſevere ;
Et la Belle à ſon tour,
Eût pour luy de l'Amour.

TOME I.   F

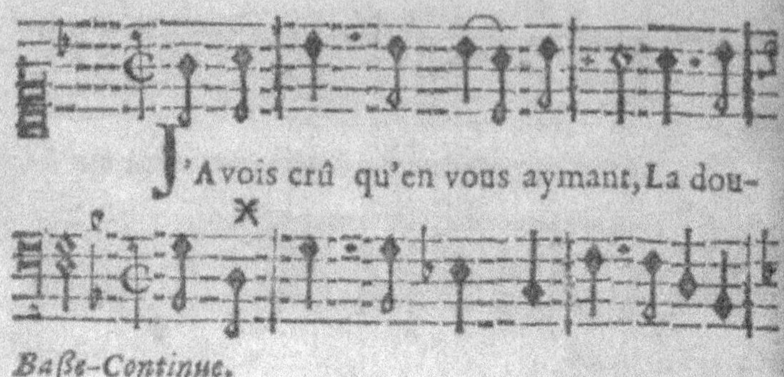
J'Avois crû qu'en vous aymant, La dou-
Basse-Continue.

ceur seroit extrême; J'aurois
Basse-Continue.

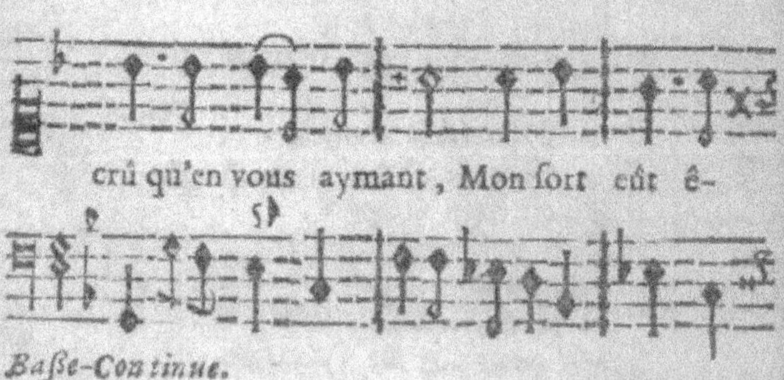
crû qu'en vous aymant, Mon sort eût ê-
Basse-Continue.

Baſſe-Continue.

Baſſe Continue.

Baſſe-Continue.

F ij

Baße-Continue.

Baße-Continue.

Second Couplet.

ay- me son Ber- ger, Et ne
veut point le changer :
Tous les jours pour vos ap-
pas, Je souffre une peine ex- trême ;
Vous sçavez qne je vous ayme,
Pourquoy ne m'ay- mez- vous pas ?

Tendrement.   TRIO.

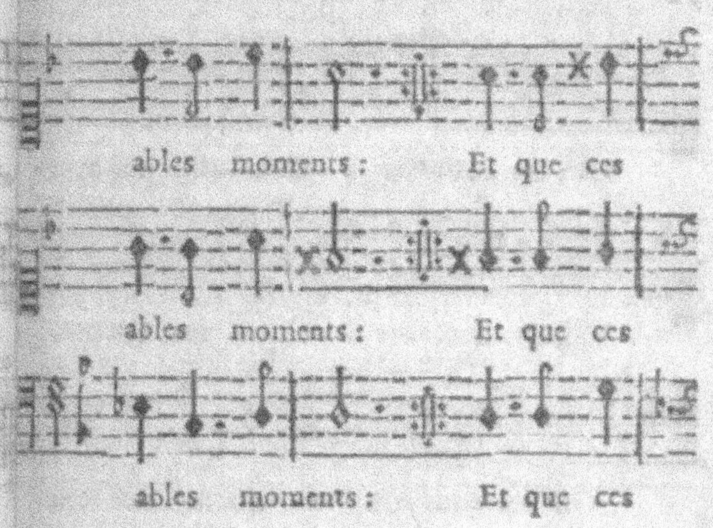
ables moments : Et que ces
ables moments : Et que ces
ables moments : Et que ces

Eaux, qui coulent dans nos plaines,
Eaux, qui coulent dans nos plaines,
Eaux, qui coulent dans nos plaines,

Ont des douceurs à char- mer nos tour-
Ont des douceurs à char- mer nos tour-
Ont des douceurs à charmer nos tour-

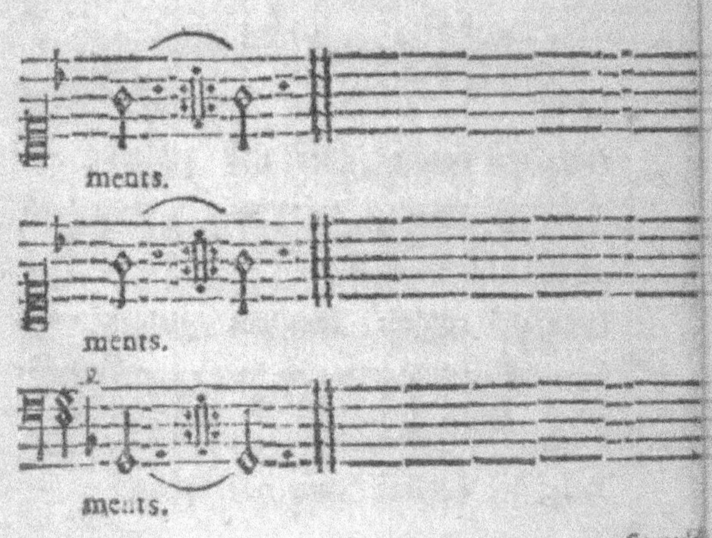
ments.
ments.
ments.

Second Couplet.

Sous cet ombrage, où l'Echo se retire,
L'on plaint ses maux, sans se rendre indiscret :
Et si l'Echo s'occupe à les redire,
C'est aux Rochers qui gardent le secret.

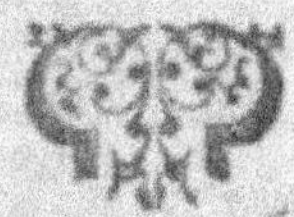

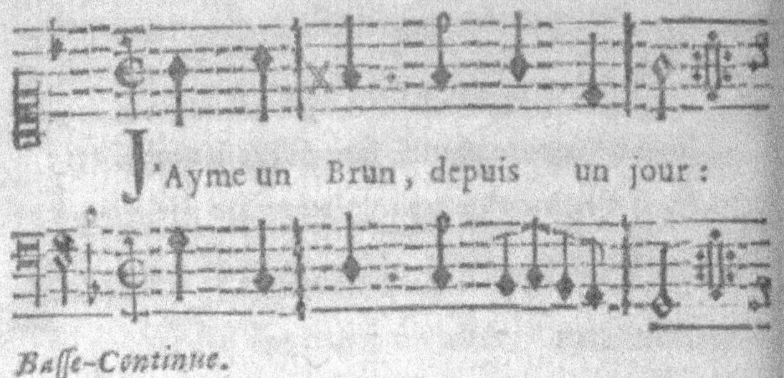

J'Ayme un Brun, depuis un jour:
Basse-Continue.

jour : Plus beau que l'Amour même ; Et qui
Basse-Continue.

meurt pour moy d'amour ; Ne vous é-
Basse-Continue.

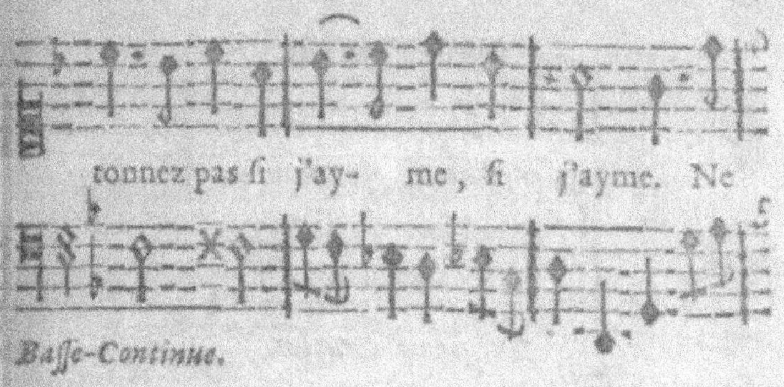
tonnez pas si j'ay- me, si j'ayme. Ne
Basse-Continue.

vous étonnez pas si j'ay- me, si
Basse-Continue.

j'ay- me.
Basse-Continue.

G ij

Second Couplet.

Il est sage, il est discret,
Sa douceur est extrême ;
Il sçait garder le secret,
Ne vous étonnez pas si j'ayme.

Troisiéme Couplet.

Quand il est absent de moy ;
Je deviens pâle, & blême ;
Si-tôt que je le revoy,
Mon teint ne paroît plus de même.

Legerement.

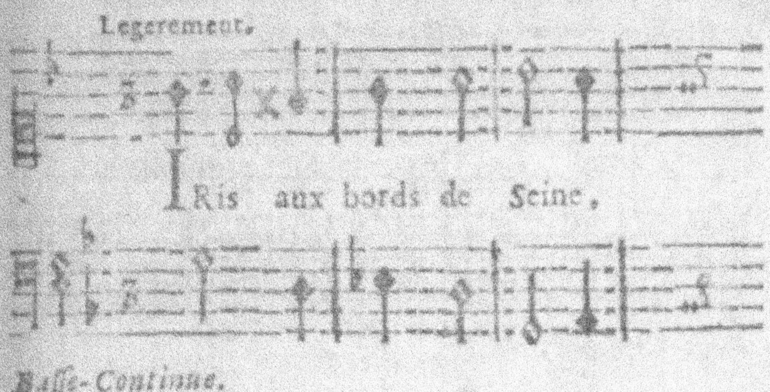

Basse-Continue.

Basse-Continue.

Basse-Continue.

G iij

Baſſe-Continue.

Second Couplet.

Pour vous charmer, les Traîtres
Pouſſeront des ſoûpirs !
Mais dés qu'ils ſeront maîtres,
Craignez que les plaiſirs
N'éteignent leurs deſirs.

Troiſiéme Couplet.

Les Bergeres cruelles
Les rendent inconſtants :
Et dés que de leurs Belles,
Les Lâches ſont contents,
Ils n'ayment pas long-temps.

Autres Couplets.

Il vous baiſe la bouche,
Cet heureux petit Chien :
Avecque vous il couche ;
Moy qui vous ayme bien,
Ah n'obtiendray-je rien !

Second Couplet.

Dés que je vous approche,
Il est deseſperé :
On vous fera reproche,
Si je ſuis devoré,
Pour avoir ſoûpiré.

Troiſiéme Couplet.

Malgré vôtre colere,
Philis, je pourois bien
Devenir temeraire,
Si je ne craignois rien,
De vôtre petit Chien.

TRIO.

L'Amour n'a t'il rien qui te ten-
L'Amour n'a t'il rien qui te ten-
L'Amour n'a t'il rien qui te ten-

te, Iris, le fuiras - tu toûjours?
te, Iris, le fuiras - tu toûjours?
te, Iris, le fuiras - tu toûjours?

He quoy, la sagesse indo- lente Au-
He quoy, la sagesse indo- lente Au-
He quoy, la sagesse indo- lente Au-

ra t'el- le tous tes beaux jours ? jours ?
ra t'el- le tous tes beaux jours ? jours ?
ra t'el- le tous tes beaux jours ? jours ?

Second Couplet.

Vois-tu ces tendres Tourterelles
Par leur caresses s'enflammer?
La Nature te dit par elles
Que rien n'est plus doux que d'aimer.

Troisiéme Couplet.

Puisque sur le declin de l'âge
Le chagrin doit avoir son tour?
A quinze ans, c'est estre peu sage
De ne pas rire avec l'Amour.

Quatriéme Couplet.

Lorsqu'une farouche jeunesse
Dérobe son cœur au plaisir:
Il n'en reste dans la vieillesse
Qu'un inutile repentir.

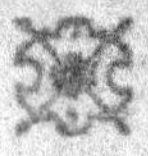

Suite en G re sol Becarre.

Second Couplet.

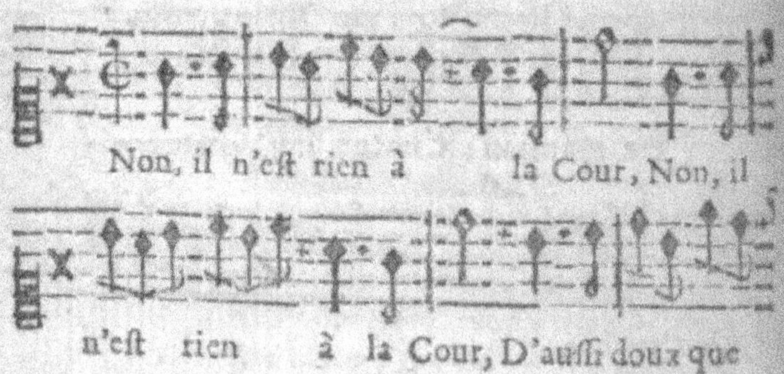

Troiſiéme Couplet.

A l'ombre, loin des Jaloux, *bis.*
Les jours entiers ſont à nous;
Chacun nous porte envie :
Je l'aimeray, mon Berger toute ma vie.

Quatriéme Couplet.

Rien ne gêne nos deſirs, *bis.*
Rien ne trouble nos plaiſirs;
Chacun nous porte envie :
Je l'aimeray, mon Berger, toute ma vie,

Cinquiéme Couplet.

Tandis que nous badinons, *bis*,
L'Amour garde nos Moutons ;
Chacun nous porte envie :
Je l'aimeray, mon Berger, toute ma vie.

Sixiéme Couplet.

Plus mon Berger est aimé, *bis*,
Et plus il est enflammé :
Chacun nous porte envie ;
Je l'aimeray, mon Berger, toute ma vie.

Septiéme Couplet.

Plus son cœur est amoureux, *bis*,
Plus je sens croître mes feux ;
Chacun nous porte envie :
Je l'aimeray, mon Berger, toute ma vie.

Huitiéme Couplet.

Amour, fay que mon Berger, *bis*,
Ne puisse jamais changer ;
Chacun nous porte envie :
Je l'aimeray, mon Berger, toute ma vie.

PRés d'une claire Fontaine,
En- tre- tenoit de sa peine,
Basse-Continue.
Un Berger brûlant d'amour :
Tous les Echos d'a- lentour :
Basse-Continue.
Il se plaignoit que sa Belle, Ai-
Basse-Continue,

moit un autre Ber-   ger;
Baſſe-Continue.

Bien qu'elle   fût Infi-   dele , Il ne
Baſſe-Continue.

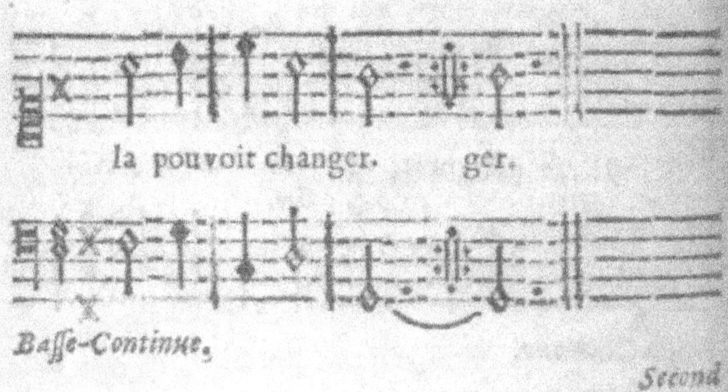

la pouvoit changer.   ger.
Baſſe-Continue.

Second

Second Couplet.

On lifoit fur fon vifage

Tout ce que fouffroit fon cœur,

Les Bergers du voifinage,

Prenoient part à fa Langueur :

Une triftefTe mortelle

Faifoit mourir ce Berger,

Cependant fon Infidele,

Ne laifTa pas de changer.

Sujet.   **Duo.**

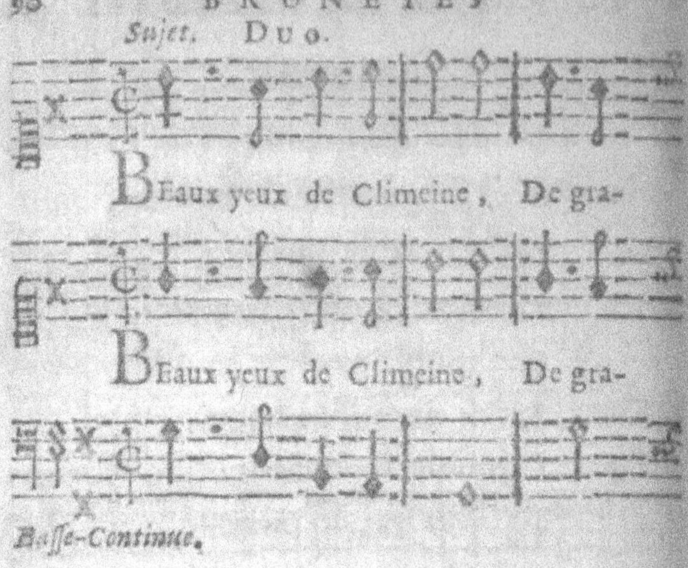
BEaux yeux de Climeine, De gra-
BEaux yeux de Climeine, De gra-
Basse-Continue.

ce, accordez Quelque tréve aux peines,
ce, accordez Quelque tréve aux peines,
Basse-Continue.

Que vous me caufez; Ah!
Que vous me caufez; Ah!
Baſſe-Continue.

mes amours, Que vous me tourmentez!
mes amours, Que vous me tourmentez!
Baſſe-Continue.

H ij

Second Couplet.

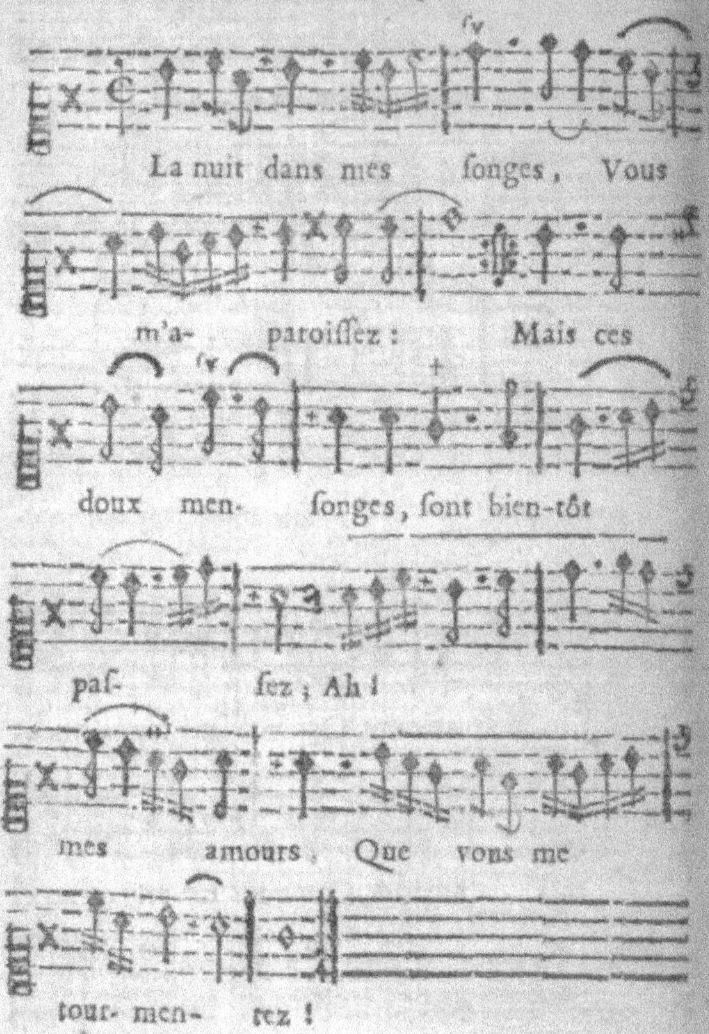

Troisième Couplet.

H iij

Quatriéme Couplet.

Climeine à toute heure;
Vous me reveillez :
Je soupire & pleure,
N'est-ce pas assez ?
Ah ! mes amours,
Que vous me tourmentez !

Cinquiéme Couplet.

Si je vous évite,
Vous me poursuivez :
Si je ne vous quitte,
Vous me consumez ;
Ah ! mes amours,
Que vous me tourmentez !

Sixiéme Couplet.

Mourant de tristesse,
Loin de vos beautez :
Je redis sans cesse,
Ce que vous chantez ;
Ah ! mes amours,
Que vous me tourmentez !

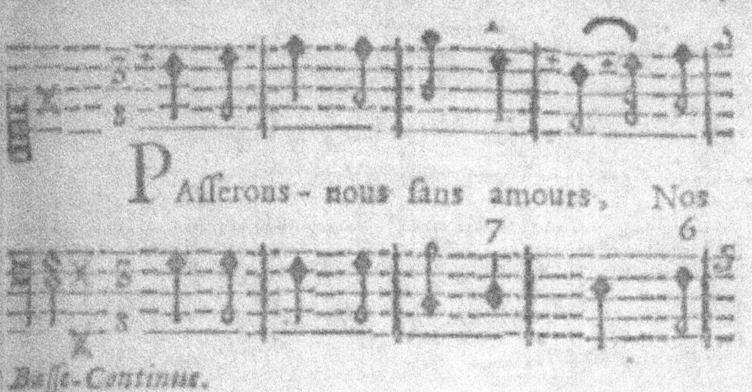

Basse-Continue.

Basse-Continue.

Basse-Continue.

Baſſe-Continue.

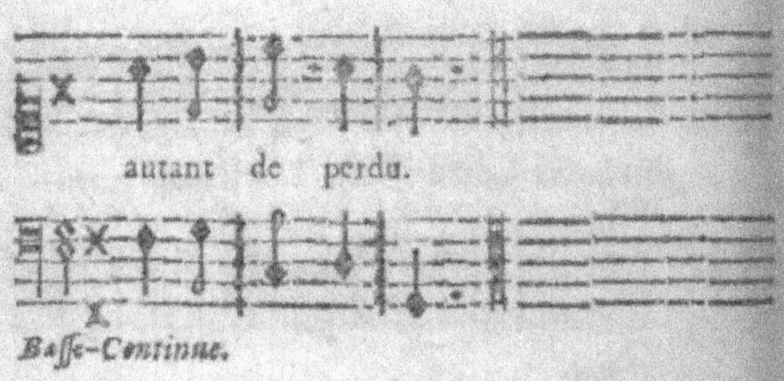

Baſſe-Continue.

C'eſt

Basse-Continue.

Basse-Continue.

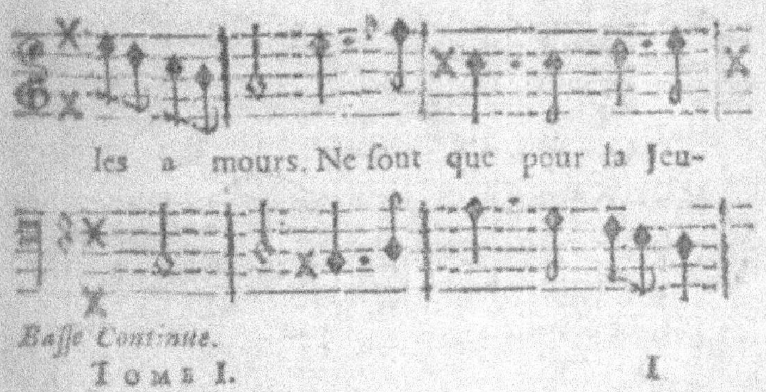

Basse Continue.

TOME I.   I

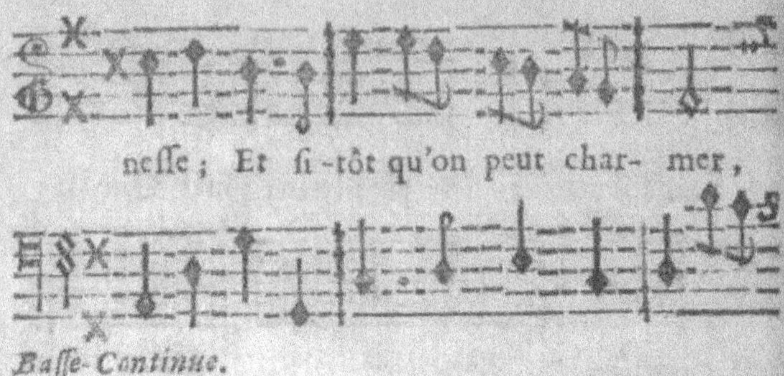

Second Couplet.

Troiſiéme Couplet.

En vain la ſotte Pudeur
Traitte l'Amour de foibleſſe :
La Nature, au fonds du cœur ,
Parle, & repete ſans ceſſe
Que ſi tôt-qu'on ſçait charmer ,
On eſt en âge d'aimer.

I ij

Quatriéme Couplet.

On est Maîtresse, en aimant,
Sans faire d'apprentissage ;
Un cœur tendre, un doux penchant
Tiennent lieu d'un long usage,
Et si-tôt qu'on sçait charmer,
On est en âge d'aimer.

Cinquiéme Couplet.

L'art de faire des Amants
Est sçû de la moins Sçavante :
On le pratique à quinze ans,
Mieux qu'on ne fait à quarante.
Et si-tôt qu'on sçait charmer,
On est en âge d'aimer.

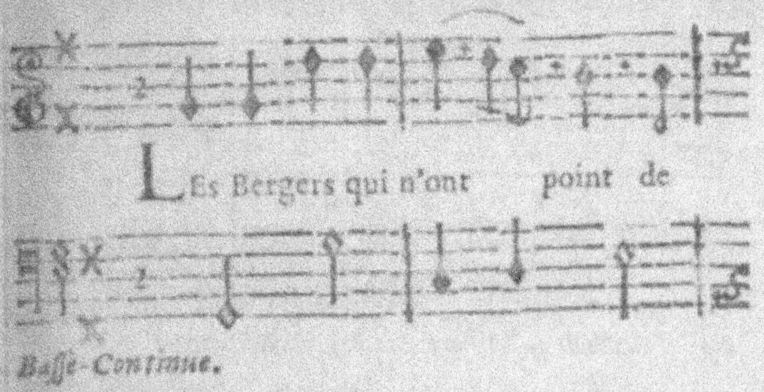
LEs Bergers qui n'ont point de
Basse-Continue.

veritables feux, Se font gloire d'en
Basse-Continue.

fein- dre : dre : Et
Basse-Continue.

I iij

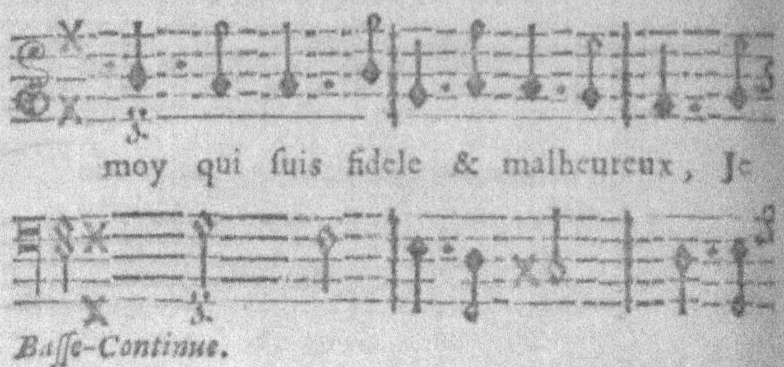

Basse-Continue.

Basse-Continue.

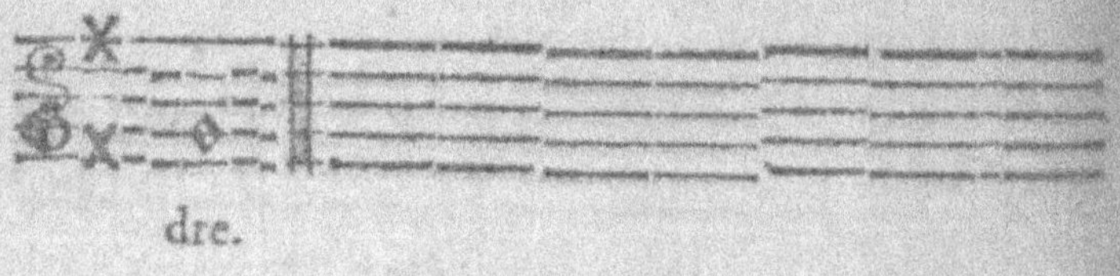

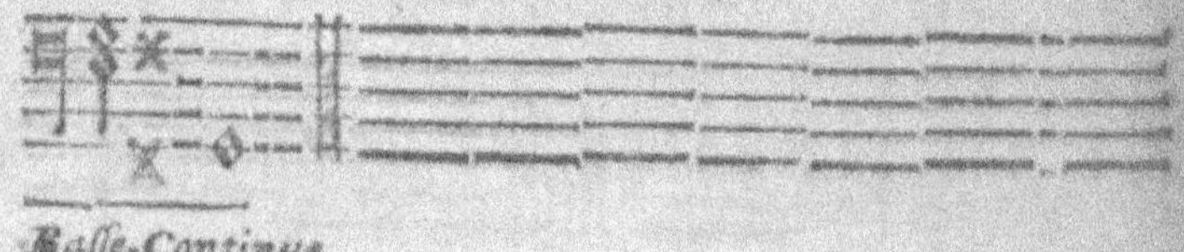

Basse-Continue.

Second Couplet.

On en voit tous les jours publier les faveurs,
D'une tendre Climeine :
Et je ne puis découvrir les rigueurs,
De ma belle Inhumaine.

Troisiéme Couplet.

Ah si mes tendres vœux, mes regards, & mes soins
Irritent la Cruelle :
Par mes soûpirs apprenons-luy du moins
Que j'expire pour elle !

TRIO.

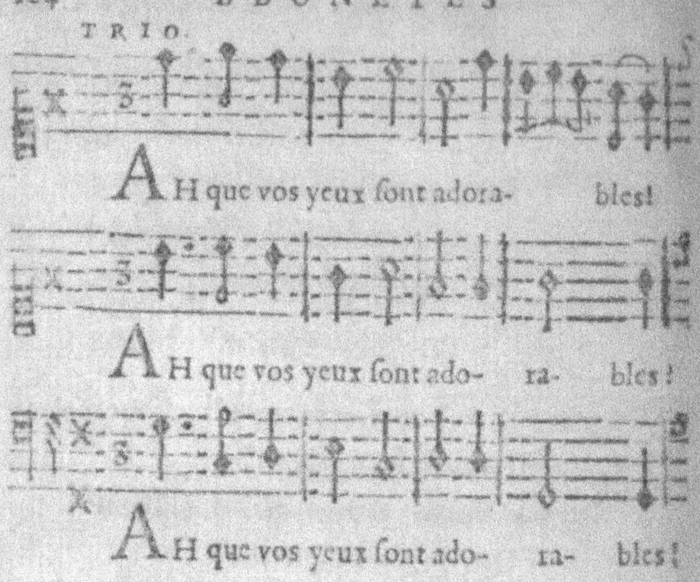
AH que vos yeux sont adora-   bles!
AH que vos yeux sont ado-   ra-   bles!
AH que vos yeux sont ado-   ra-   bles!

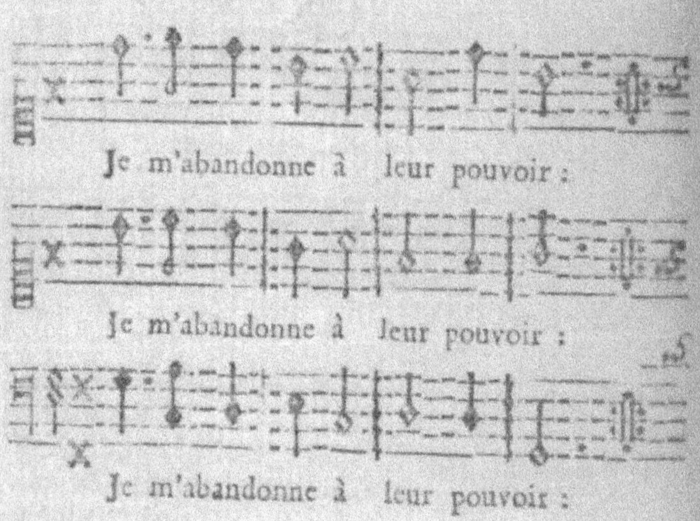
Je m'abandonne à   leur pouvoir:
Je m'abandonne à   leur pouvoir:
Je m'abandonne à   leur pouvoir:

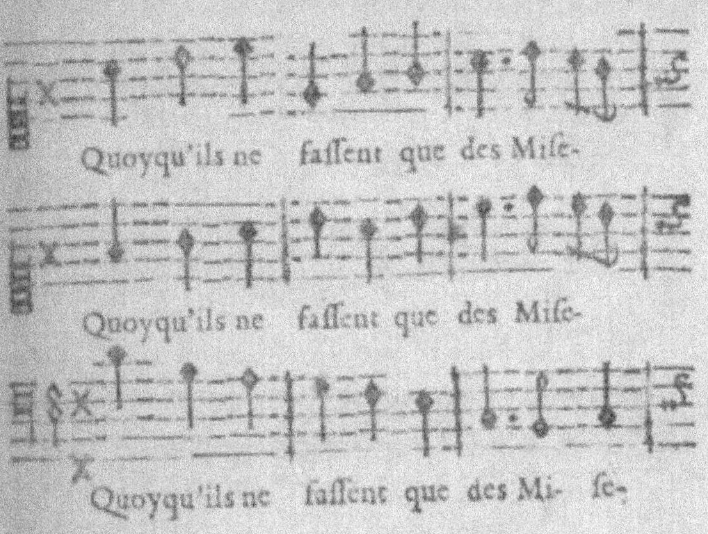
Quoyqu'ils ne faſſent que des Miſe-
Quoyqu'ils ne faſſent que des Miſe-
Quoyqu'ils ne faſſent que des Mi- ſe-

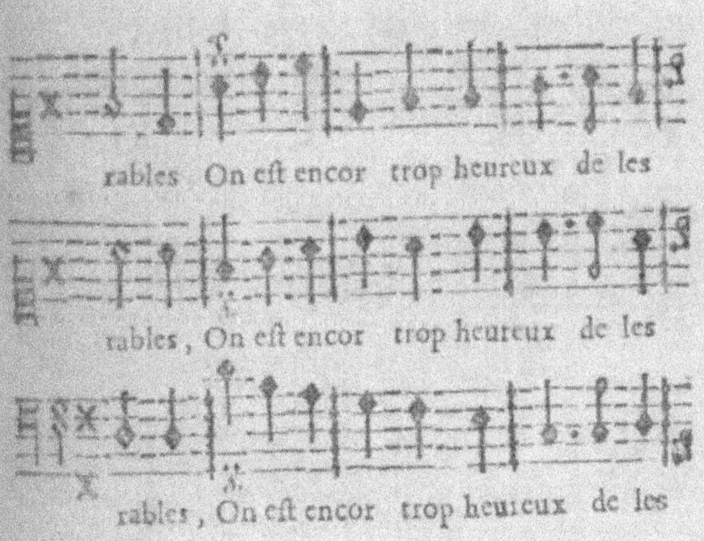
rables On eſt encor trop heureux de les
rables, On eſt encor trop heureux de les
rables, On eſt encor trop heureux de les

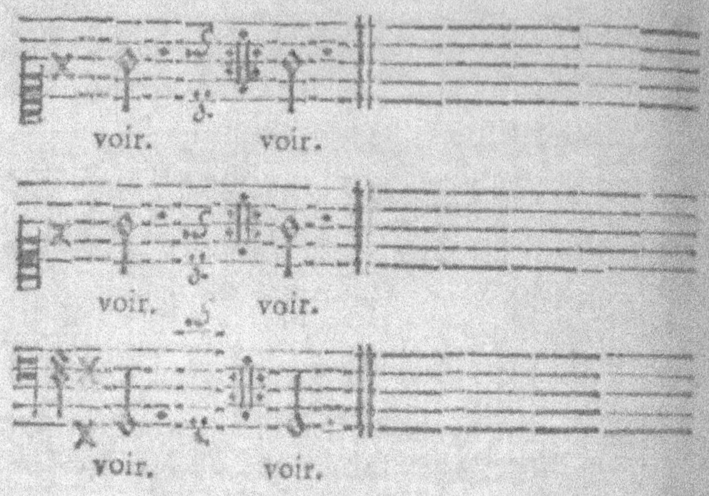

Second Couplet.

Chaque jour à leur coups, Silvie,
    De nouveaux cœurs viennent s'offrir ;
Quoyque souvent il en coûte la vie,
On est encor trop heureux d'en mourir.

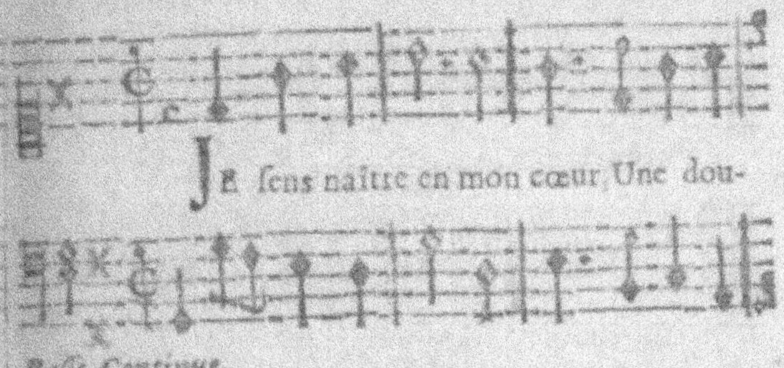
JE sens naître en mon cœur, Une dou-
Basse-Continue.

ce langueur : Ah ! belle Inhu-
Basse-Continue.

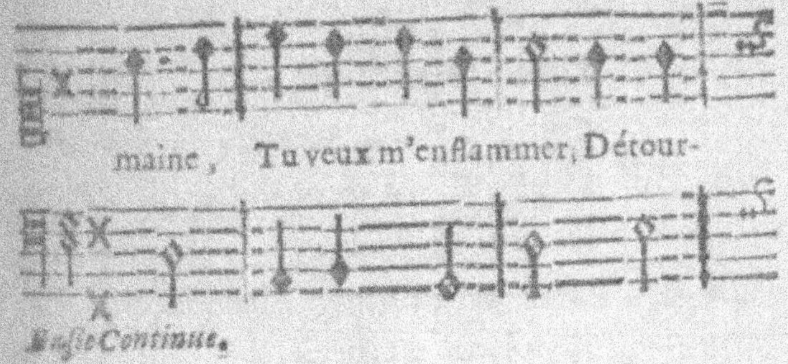
maine , Tu veux m'enflammer, Détour-
Basse-Continue.

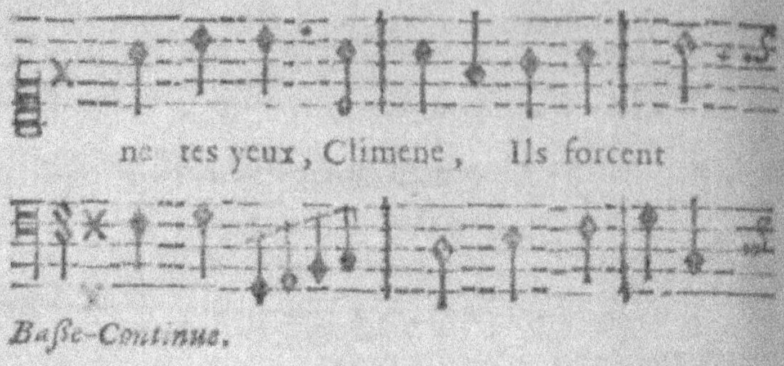

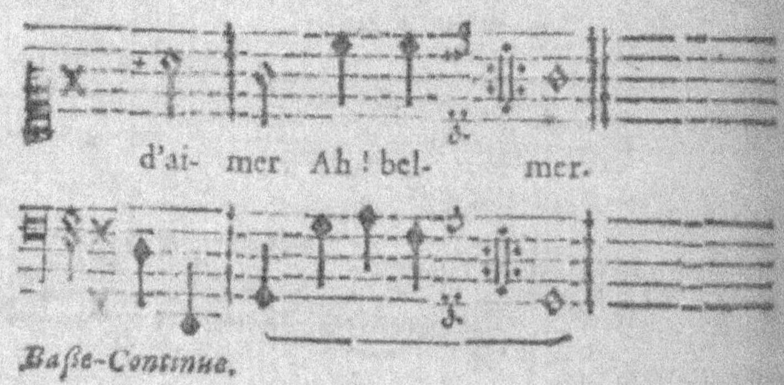

Second Couplet.

Depuis le triſte inſtant
Que je ſuis ton Amant,
L'excés de ma peine,
Ne peut s'exprimer;
Détourne tes yeux, Climene;
Ils forcent d'aimer,

Troisiéme Couplet.

D'inutilles desirs,
Donnent peu de plaisirs:
Une triste chaîne,
Ne sçauroit charmer;
Détourne tes yeux, Climene,
Ils forcent d'aimer.

Quatriéme Couplet.

Pour détourner tes yeux,
Mon cœur n'en est pas mieux:
Helas! que ma peine
Est dure à souffrir?
Encore un regard, Climene,
Deussay-je en mourir.

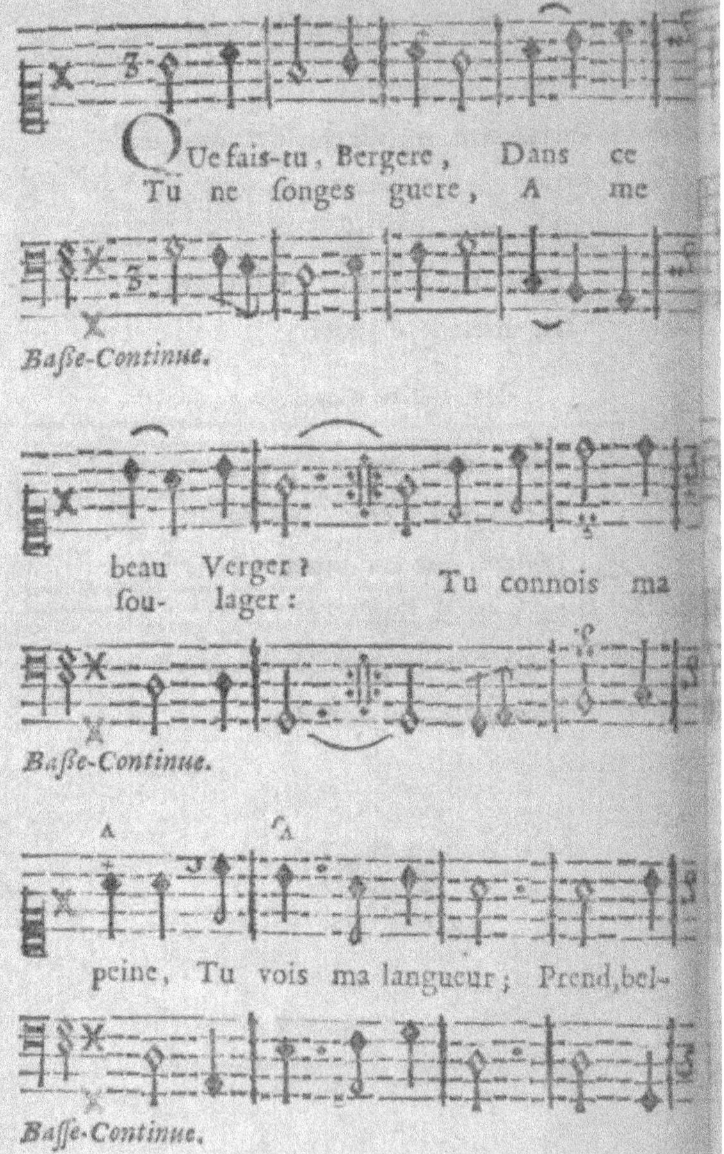

Que fais-tu, Bergere, Dans ce
Tu ne songes guere, A me
Basse-Continue.
beau Verger?
sou- lager:
Tu connois ma
Basse-Continue.
peine, Tu vois ma langueur; Prend, bel-
Basse-Continue.

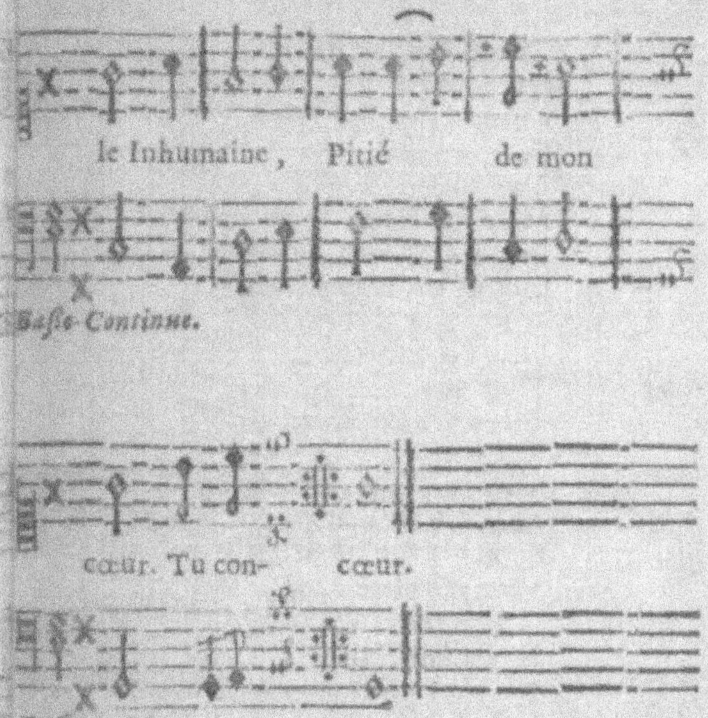

Second Couplet.

Le Zephire & Flore,
Ne se cachent pas ;
La naissante Aurore,
Voit leurs doux combats :
Le Soleil se couche,
Jaloux de leurs feux ;
Leur exemple touche,
Les moins amoureux.

Réponse.

Tu ne connois guere,
Trop ingrat Berger,
Ce que j'ay fçû faire,
Pour te foulager ;
J'ay quitté la plaine,
Mon Troupeau, mon Chien :
Prend t'on tant de peine,
Quand on n'aime rien ?

Second Couplet.

Non l'indifference,
N'eft pas mon défaut ;
Tircis, mon filence,
Dit plus qu'il ne faut :
Tien, prens ma Houlette,
Emmene mon Chien ;
Et vien, fur l'herbette,
Voir fi j'aime bien

Autres Couplets.

Je voulois, Silvie,
Ne vous point aimer ;
Et paffer ma vie,
A vous eftimer :
Qui peut fe deffendre,
Contre tant d'appas ?
Le cœur le moins tendre,
Ne le pourroit pas.

Second Couplet.

Je n'ay d'habitude,
Qu'avec mes foûpirs ;
Et la folitude,
Fait tous mes plaifirs :
Mon cœur trifte & fombre,
Fuit l'éclat du jour ;
Et l'horreur de l'ombre,
Plaît à mon amour.

Troi

Troisiéme Couplet.

Un fonds de tristesse,
Me serre le cœur;
Ma delicatesse,
Cause ma langueur:
J'ay sujet de craindre,
Et de m'affliger;
Assez pour me plaindre,
Trop peu pour changer.

Quatriéme Couplet.

Jamais la constance,
Aux Amants ne nuit;
Un peu d'esperance,
Et le reste suit:
Une Amante aimée,
Jamais ne nous suit;
L'amour obstinée,
Porte fleur & fruit.

Cinquiéme Couplet.

Qu'on a de foiblesse,
Quand on aime bien?
Un Amant se blesse,
Et guerit de rien:
Et quand il assûre,
De n'aimer jamais;
Son cœur se parjure,
Un moment aprés.

Autre Couplet.

Vous avez beau dire,
Que vous n'aimez pas;
Vôtre cœur soûpire,
Et se plaint tout bas:
Rêveuse, inquiette,
Vous nous fuyez tous;
Quand j'aimois Lisette,
J'étois comme vous.

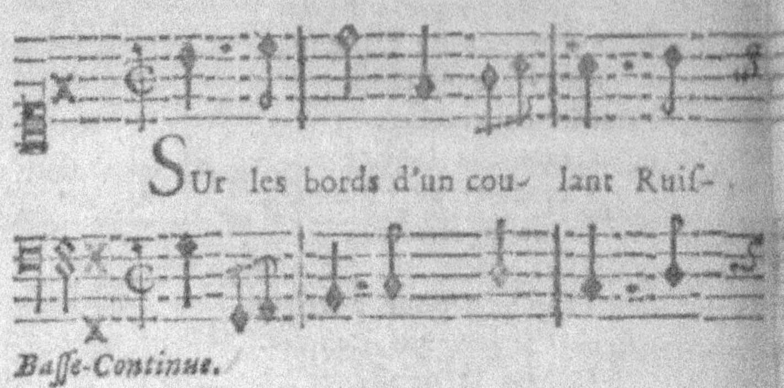
SUr les bords d'un cou- lant Ruiſ-
Baſſe-Continue.

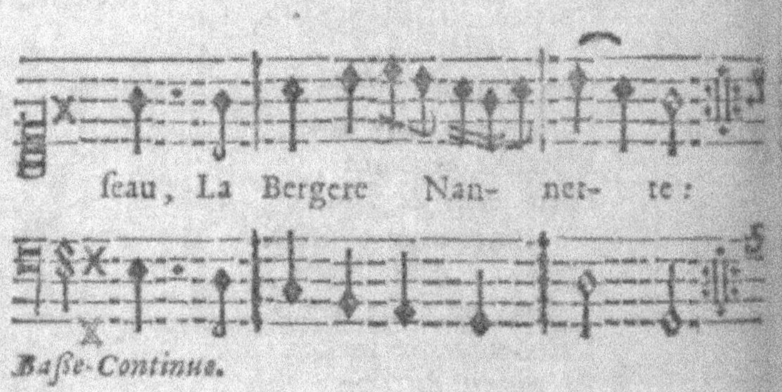
ſeau, La Bergere Nan- net- te :
Baſſe-Continue.

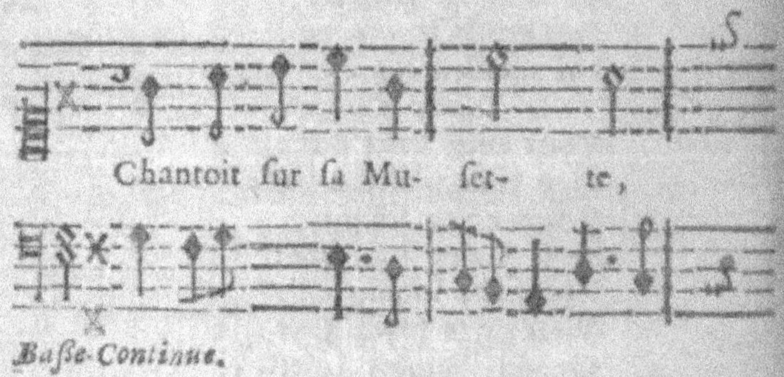
Chantoit ſur ſa Mu- ſet- te,
Baſſe-Continue.

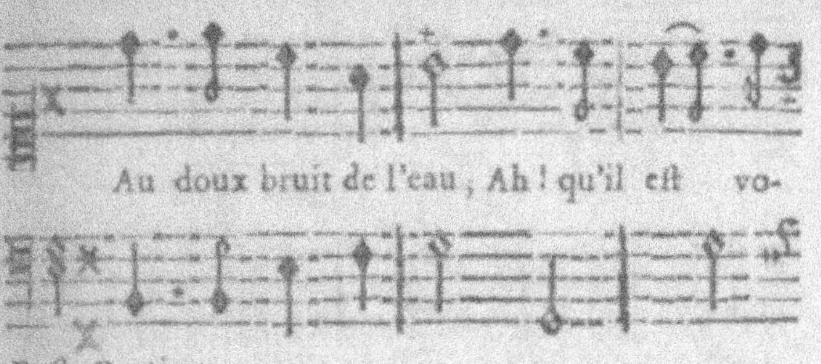
Au doux bruit de l'eau, Ah ! qu'il est vo-
Baße-Continue.

lage, Mon aima- ble Ber- ger ! Que
Baße-Continue.

n'ay-je le courage, De vouloir
Baße-Continue.

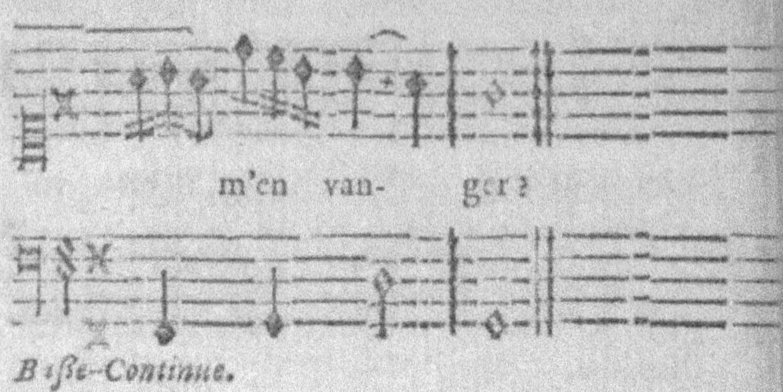

Second Couplet.

Troisième Couplet.

Il me promet à tout moment
Qu'il me sera fidele :
A la premiere Belle,
Il en conte autant ;
Ah ♭ qu'il est volage ,
Mon aimable Berger !
Que n'ay-je le courage ,
De vouloir m'en vanger ?   K iij

Quatriéme Couplet.

Lorſque je luy donne des fleurs,
Pour garnir ſa Houlette,
Il les porte à Liſette,
Ou les donne ailleurs;
Ah! qu'il eſt volage,
Mon aimable Berger!
Que n'ay je le courage,
De vouloir m'en vanger?

Cinquiéme Couplet.

Son Troupeau plus reconnoiſſant,
Avec le mien vient paître:
Auſſi pour luy, ſon Maître
Devient Inconſtant;
Ah! qu'il eſt volage,
Mon aimable Berger!
Que n'ay je le courage,
De vouloir m'en vanger?

Sixiéme Couplet.

Pour avoir menacé le Chien,
D'une jeune Bergere:
Il m'en fit une affaire,
Et bâtit le mien;
Ah! qu'il eſt volage,
Mon aimable Berger!
Que n'ay je le courage,
De vouloir m'en vanger?

DUO.

IL est doux, belle Bergere,
IL est doux, belle Bergere,
Basse-Continue.

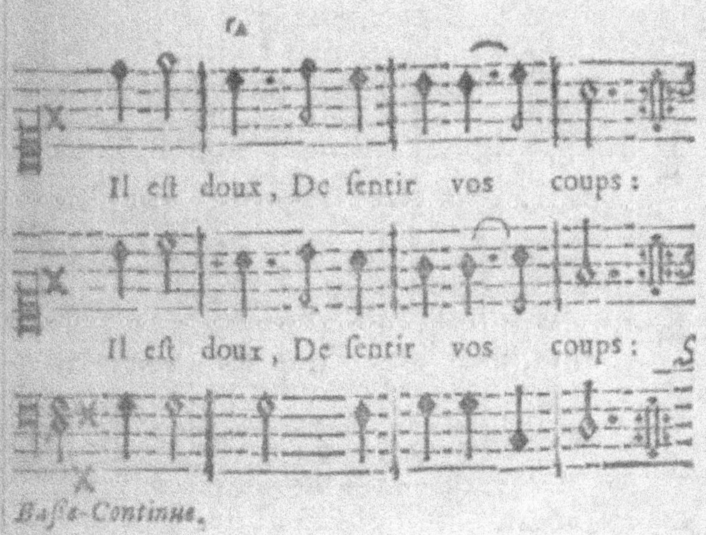
Il est doux, De sentir vos coups :
Il est doux, De sentir vos coups :
Basse-Continue.

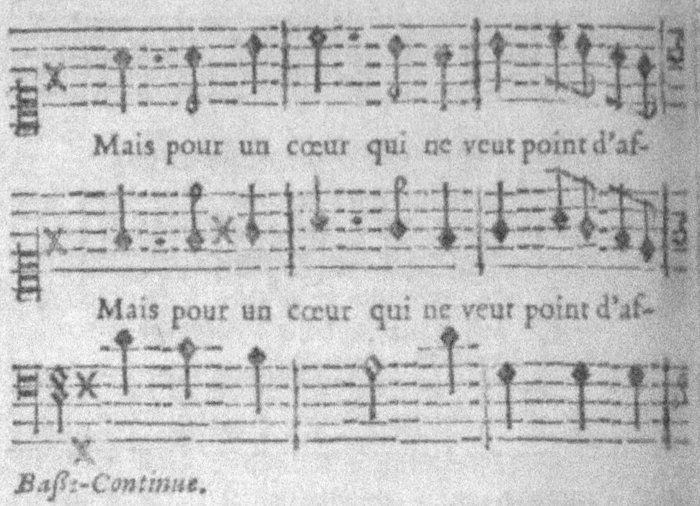

Mais pour un cœur qui ne veut point d'af-
Mais pour un cœur qui ne veut point d'af-
Basse-Continue.

faire, Vous estes trop se-   vere; He-
faire, Vous estes trop se-   vere; He-
Basse-Continue.

las ! he-   las ! dequoy   vous a-
las ! he-   las ! dequoy   vous a-
Basse-Continue.

visez - vous ?   vous ?
visez - vous ?   vous ?
Basse-Continue.

L'Autre jour une Ber- gere,
Basse-Continue.

Dont je veux suivre la loy : Me di-
Basse-Continue.

soit sur la Fougere, Tircis je n'ai-
Basse-Continue.

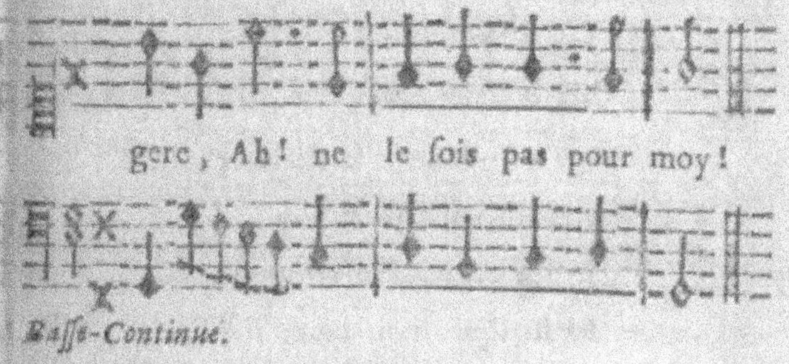

Second Couplet.

A ce discours doux & tendre,
Tous mes sens furent troublez :
Mon cœur se laissa surprendre,
Et mes soûpirs enflammez ;
Aux Echos firent entendre,
Qu'Amour les avoit formez.

L ij

Troisiéme Couplet.

Mais, loin de plaindre ma peine,
Je croy qu'ils en sont jaloux :
Car depuis que ma Climene,
Me voit d'un œil tendre, & doux ;
Dans ces Bois ou dans la Plaine,
Ils sont toûjours avec nous.

Quatriéme Couplet.

Ma bouche n'ose rien dire,
Qu'ils n'aillent le declarer :
Si seulement je respire,
Je les entends murmurer ;
Et lorsque mon cœur soûpire ;
Ils sont prompts à soûpirer.

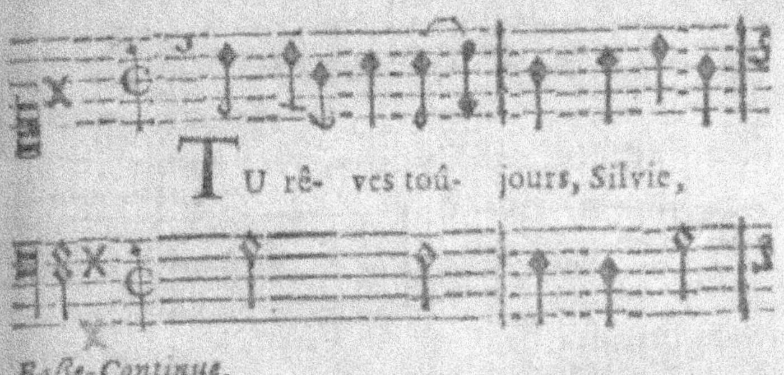

Tu rê- ves toû- jours, Silvie,
Basse-Continue.

Quand je suis auprés de toy;
Basse-Continue.

Et tu fuis dans la Prai- rie, Mon
Basse-Continue.

iij

Chien, mes Moutons, & moy :
Basse-Continue.

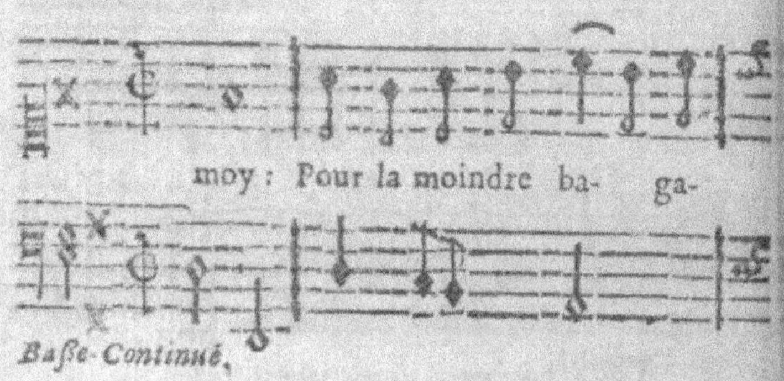
moy : Pour la moindre ba- ga-
Basse-Continue.

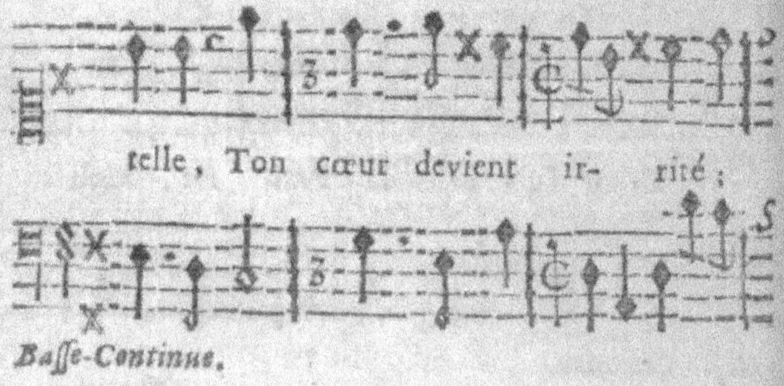
telle, Ton cœur devient ir- rité ;
Basse-Continue.

Second Couplet.

Tu ne viens plus sous le Chêne,
Où nous nous trouvions tous deux ;
Et tu fuis cette Fontaine,
Témoin de mes premiers feux :
Mon ardeur tendre & fidelle,
N'adoucit point ta fierté ;
Ne m'aurois-tu point, Cruelle,
Fait une infidelité ?

L iv

Troisiéme Couplet.

Quand Tircis vient dans la Plaine,
Tu ne flattes que son Chien;
Ce n'est jamais qu'avec peine,
Que tu carresses le mien:
Toûjours tu me fais querelle,
Toûjours je suy rebuté;
Ne m'aurois-tu point, Cruelle,
Fait une infidelité?

Quatriéme Couplet.

Lorsqu'il t'offrit pour ta fête
Des Oeillets & du Jasmin,
Tu t'en fis orner la tête
Et t'en parfumas le sein:
Tu cours, si-tôt qu'il t'appelle,
En quelque endroit écarté:
Tu m'as sans doute, Cruelle
Fait une infidelité.

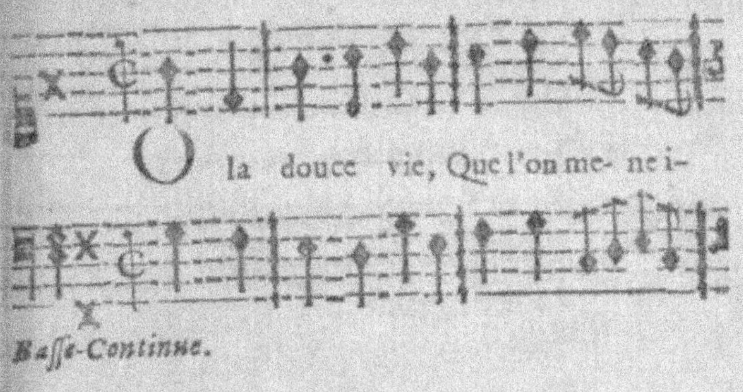
O la douce vie, Que l'on me-ne i-
Baſſe-Continue.

cy? On vit ſans ſoucy, Sans bruit,
Baſſe-Continue.

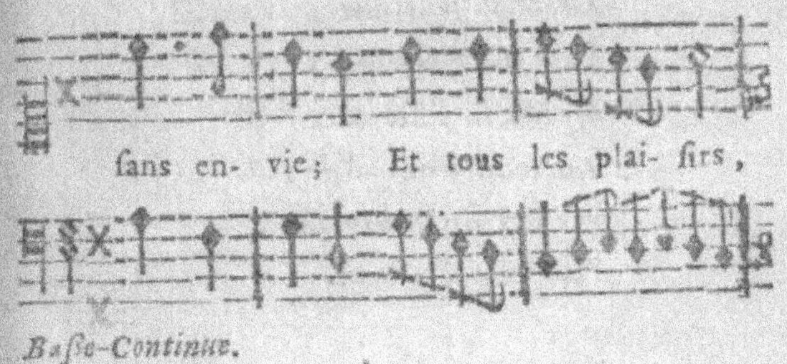
ſans en- vie; Et tous les plai-ſirs,
Baſſe-Continue.

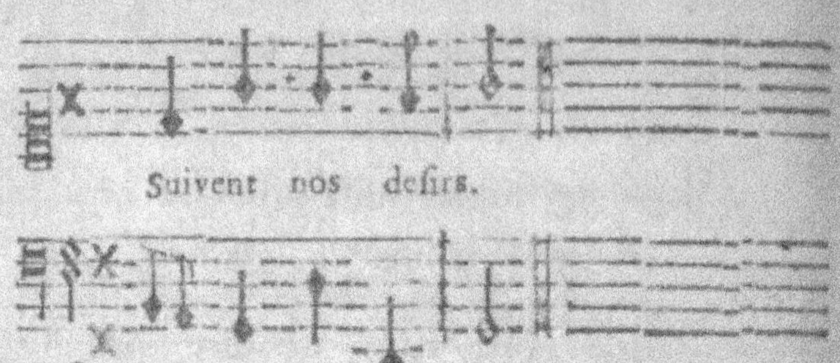

Second Couplet.

L'aymable Climene ,
Parfaite en beauté ,
De ſa qualité
Ne fait point la vaine ,
Et charme nos cœurs,
Par mille douceurs.

Troiſiéme Couplet.

La Lyre d'Orphée ,
Recevroit ſes loix ,
Quand ſa belle voix
Au fond d'une allée ,
Par des Airs nouveaux ,
Ravit les Oyſeaux.

Quatriéme Couplet.

La jeune Califte ,
En grace , en attraits ,
La fuit d'affez prés ,
Et rien ne refifte ,
Pas même les Dieux ,
Au feu de fes yeux.

Cinquiéme Couplet.

Qui veut s'en deffendre
Combat vainement ;
Un credule Amant
Se plaift à s'y rendre ;
Mais qui peut la voir ,
Aime fans efpoir.

PEtits Mou- tons, qui dans la
Basse-Continue.

Plaine, Paissez sans crainte des
Basse-Continue.

Loups; Ne vous repo- sez
Basse-Continue.

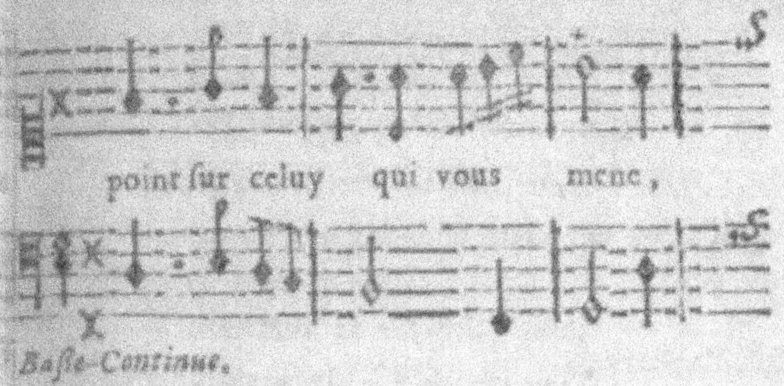
point sur celuy qui vous mene,
Basse-Continue.

Il rê- ve à son In hu- mai- ne,
Basse-Continua.

Et ne son- ge point à vous.
Basse-Continue.

Second Couplet.

Heureux Moutons, quand la Nature
Vous fait former des defirs :
L'Amour, qui m'abandonne aux tourments que j'en-
dure ,
Vous offre fur la verdure ,
Tout ce qu'il a de plaifirs.

Troifiéme Couplet.

Jamais Brebis , fiere & cruelle ,
Ne fit languir vos ardeurs :
Quand la vôtre reffent une flamme nouvelle ,
Dans l'inftant , auffi bien qu'elle
Vous pouvez aimer ailleurs.

Baße-Continue.

Baße-Continue.

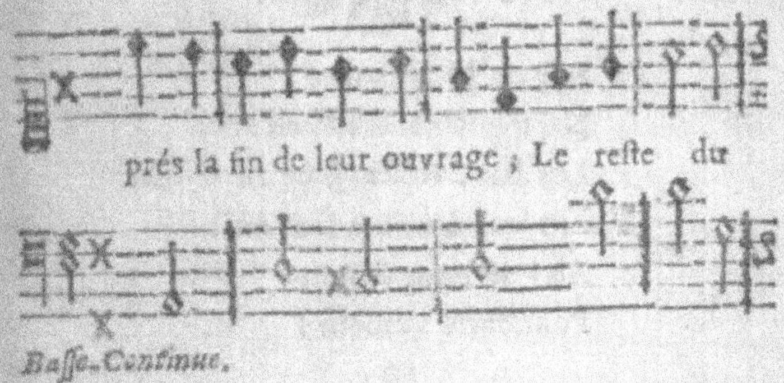

Baße-Continue.

Basse-Continue.

Second Couplet.

Ils sont à leurs Belles
Si fort attachez,
Qu'ils seroient touchez
D'une inquietude mortelle;
S'ils passoient un jour,
Sans faire l'amour.

Troisiéme Couplet.

Jamais la tristesse,
Ne regne en ces lieux:
Les Ris, & les Jeux,
Y font leur demeure sans cesse;
Ah! le beau Séjour,
Pour faire l'amour!

Autres

Autres Couplets.

Philis, je vous aime,
Vous n'en doutez pas :
Cependant helas !
Avec une froideur extrême,
Vous voyez l'ardeur,
Dont brûle mon cœur.

Second Couplet.

Philene, ta flamme
A paru trop tard :
Tircis d'un regard,
S'est rendu maître de mon ame ;
Je ne puis changer
Un si beau Berger.

Troisiéme Couplet.

Adieu, je te laisse,
Car dans cet instant
Mon Berger m'attend,
Qui m'accuseroit de paresse ;
La fraîcheur du jour,
Invite à l'amour.

Rien n'est é- gal à ma dou-
Basse-Continue.

leur : Je me sens mourir de lan-
Basse-Continue.

gueur, Pour les beaux yeux de Cli-
Basse-Continue.

mene :   Ah ! pourquoy faut-
Basse-Continue.

il que mon   cœur, Adore une in- hu-
Basse-Continue.

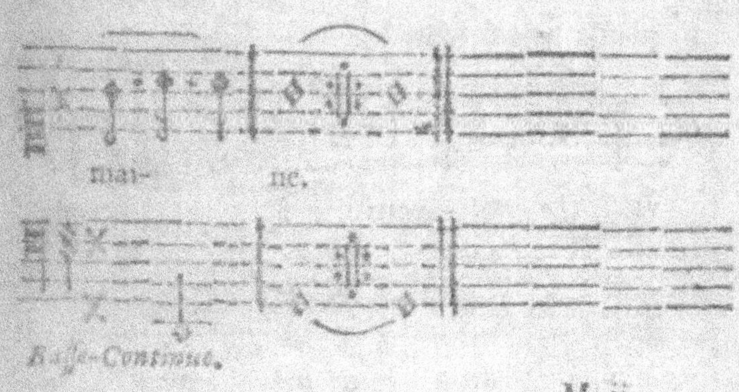

mai-   ne.
Basse-Continue.

M ij

Second Couplet.

TRIO.

Sujet. Legerement.

Basse-Continue.

M iij

Ne revenez plus, Li- fette, Dans
Ne revenez plus, Lifette, Dans
venez plus, Li- fet- te, Dans

ce Verger : Vous avez dé-
ce Verger : Vous avez déja pris
ce Verger : Baffe-Continue.

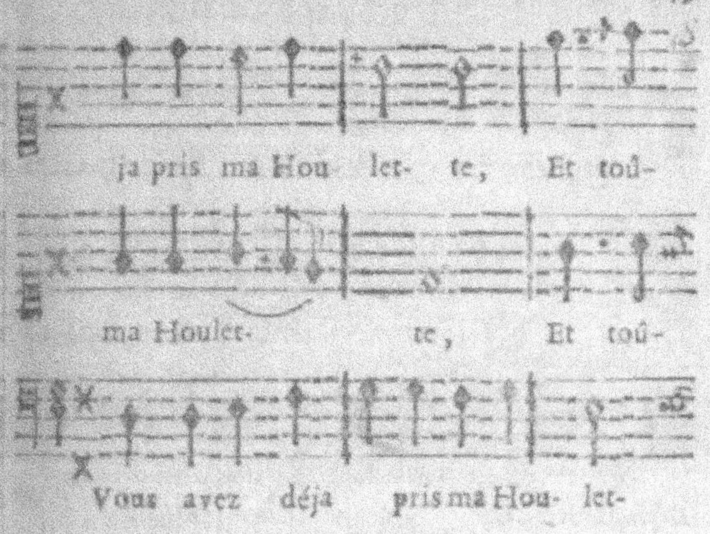
ja pris ma Hou- let- te, Et toû-
ma Houlet- te, Et toû-
Vous avez déja pris ma Hou- let-

jours mon cœur est en dan- ger.
jours mon cœur est en dan- ger.
te, Et toûjours mõ cœur est en danger. &-C.

Ne revenez plus , Li- sette , Dan-
Ne revenez plus, Li- sette , Dan-
Basse-Continue.   Ne revenez plus , Li-

ser au son de ma Mu- set- te,
ser au son de ma Mu- set- te,
sette , Danser au son de ma Musette, Ne re-

Ne

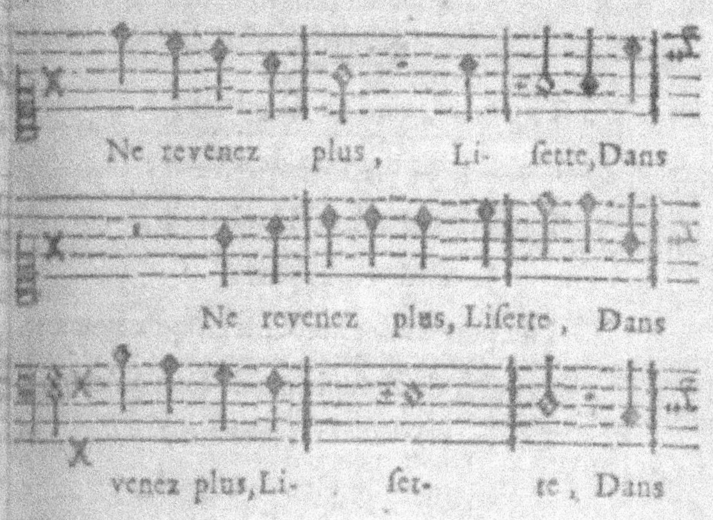
Ne revenez plus, Li- sette, Dans
Ne revenez plus, Lisette, Dans
venez plus, Li- set- te, Dans

ce Verger.
ce Verger.
ce Verger.

TOME I.

N

Réponse.

Tircis, reprend ta Houlette,
Il n'est pour toy plus de Lisette ;
Tircis, reprend ta Houlette,
Je n'en veux plus :
Ton plus tendre amour n'est qu'amourette,
Tes plus doux serments ne sont qu'abus ;
Tircis, reprend ta Houlette,
Il n'est pour toy plus de Lisette ;
Tircis, reprend ta Houlette,
Je n'en veux plus.

Second Couplet.

Berger, j'ay toûjours oüy dire,
Qu'amour de tous maux est le pire ;
Berger, j'ay toûjours oüy dire,
Qu'il faut le fuir :
Malheureux qui vit sous son empire,
D'aucun repos il ne peut joüir ;
Berger, j'ay toûjours oüy dire,
Qu'amour de tous maux est le pire ;
Berger, j'ay toûjours oüy dire,
Qu'il faut le fuir.

Réponse.

Non , je ne puis me deffendre ,
D'avoir pour vous un amour tendre ;
Non , je ne puis me deffendre ,
    De vous aymer :
Si-tôt qu'on vous voir il faut se rendre ,
Vos appas ont dequoy tout charmer ;
Non , je ne puis me deffendre ,
D'avoir pour vous un amour tendre ;
Non , je ne puis me deffendre ,
    De vous aymer,

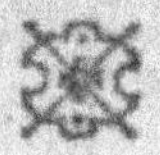

Suite en C sol ut.

Basse-Continue.

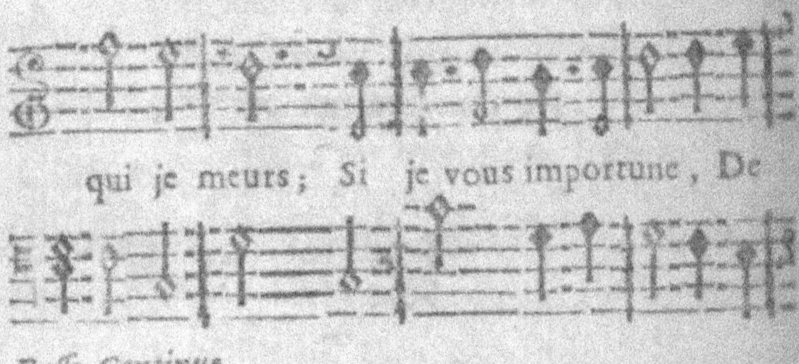

Basse-Continue.

Basse-Continue.

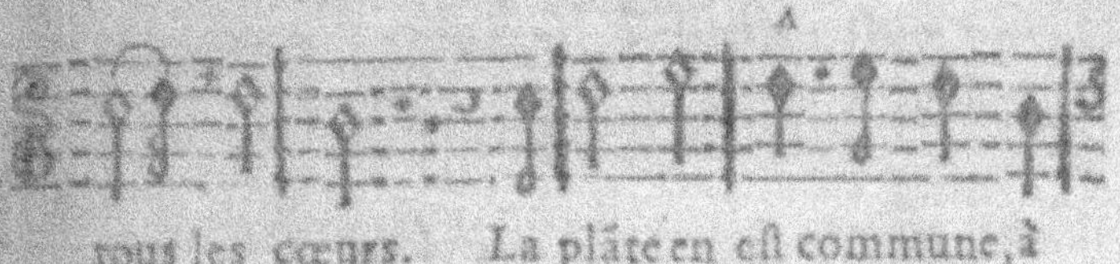

tous les cœurs.   La plâte en est commune, à

Basse-Continue.

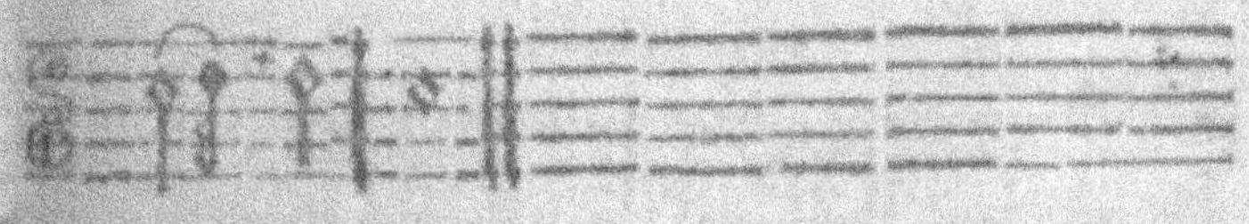

tous les cœurs.

Basse-Continue.

Second Couplet.

Climeine en vôtre absence,
Que deviendront
Les Jeux, les Ris, la Danse ?
Ils languiront ;
Helas je crois, helas qu'ils en mourront !

Troisiéme Couplet.

Jamais ne me verray-je
Seul avec vous ?
Jamais ne trouveray-je
Loin des Jaloux,
Un moment pour mourir à vos genoux ?

Je jure par tes yeux, Je jure
Baſſe-Continue.

par tes yeux, Serment qui m'eſt plus
Baſſe-Continue.

cher que de jurer les Dieux, Que ſi tu
Baſſe-Continue.

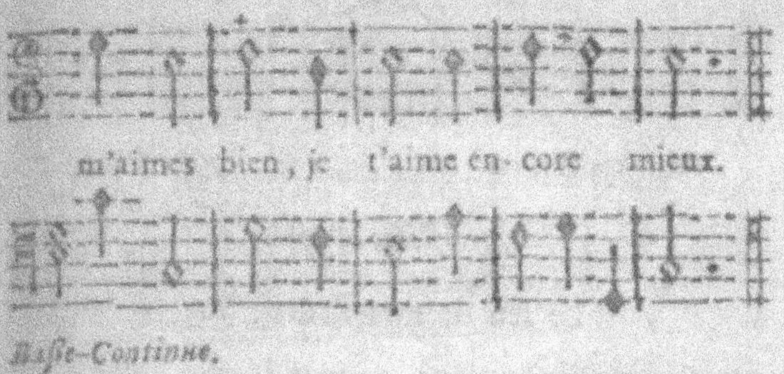

Second Couplet.

N iv

Troifiéme Couplet.

Le feu de mes defirs , *bis.*

S'enflamme chaque jour , au vent de mes foûpirs

L'Amour, pour le nourrir , n'a-t'il point de plaifirs?

Quatriéme Couplet.

Pour finir ma langueur , *bis.*

Ce feu , dont vos appas me font fentir l'ardeur

Ne peut-il de vos yeux paffer dans vôtre cœur?

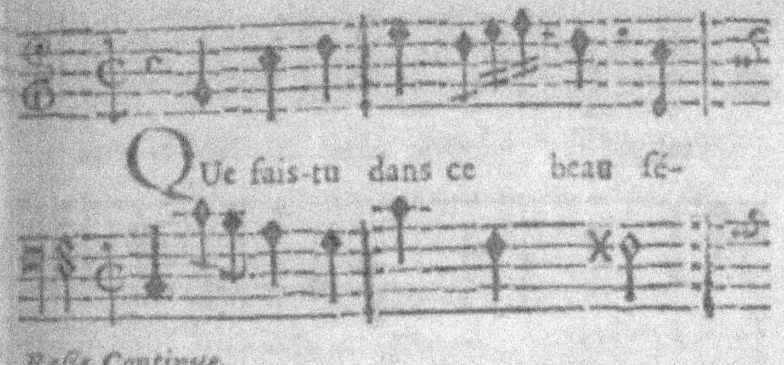
QUe fais-tu dans ce beau sé-
Basse-Continue.

jour? Tu perds le temps, Silvi- e:
Basse-Continue.

Sans goûter les plaisirs d'a- mour, Peux-
Basse-Continue.

tu paf-   fer la vie?   Ne dois-tu
Baſſe-Continue.

pas   fon-   ger   A choiſir
Baſſe-Continue.

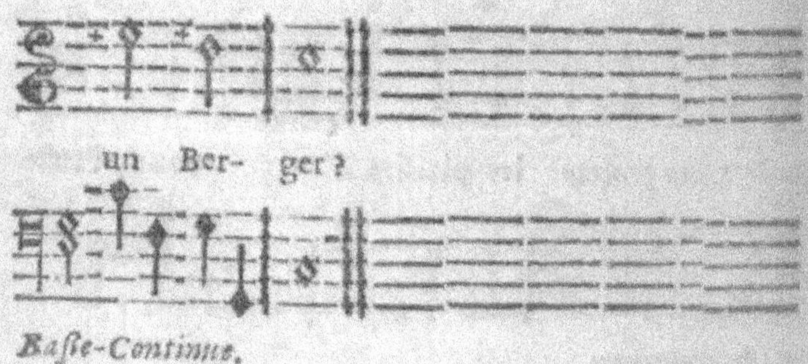

un Ber-   ger?
Baſſe-Continue.

Second Couplet.

Flore careſſe le Zephir,
Bergere, imite Floré :
Goûte comme elle le plaiſir
De cherir qui t'adore ;
Hâte-toy de ſonger,
A choiſir un Berger.

Troiſiéme Couplet.

En vain, à gêner tes appas
Ta fierté s'intereſſe :
Ton cœur en murmure tout bas,
Et panche à la tendreſſe ;
Hâte-toy de ſonger,
A choiſir un Berger.

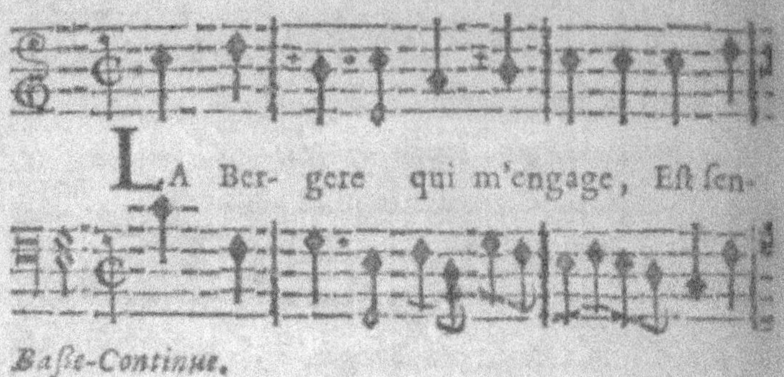
LA Ber- gere qui m'engage, Est sen-
Basse-Continue.

sible à d'autres feux : Des Bergers de
Basse-Continue.

ce Village, Elle reçoit par tout les
Basse-Continue.

Second Couplet.

Mais el- le ne re- tient guere, Ce qu'on luy dit pour l'en- flam-
mer ; Ah quand l'humeur est si legere, On n'a pas le
temps d'aimer !

Sujet.   DUO.

Basse-Continue.

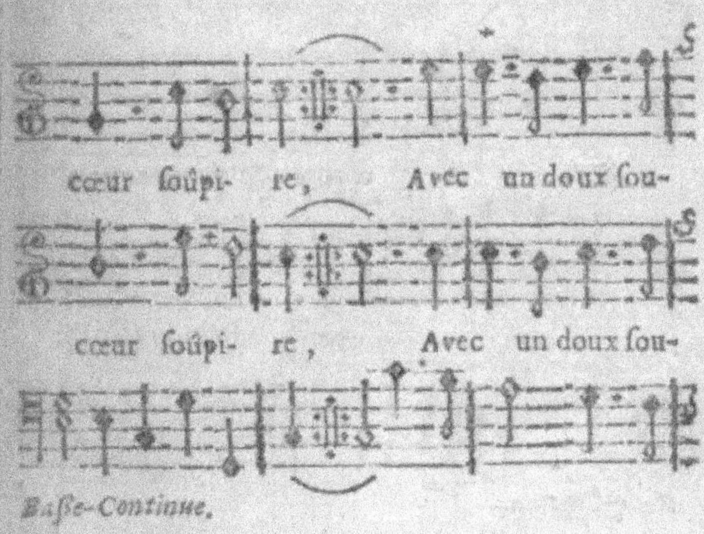

Basse-Continue.

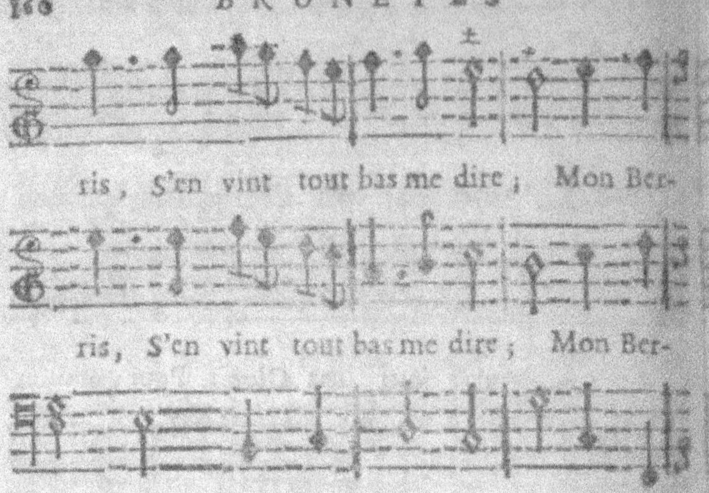
ris, S'en vint tout bas me dire ; Mon Ber-
ris, S'en vint tout bas me dire ; Mon Ber-
Basse-Continue.

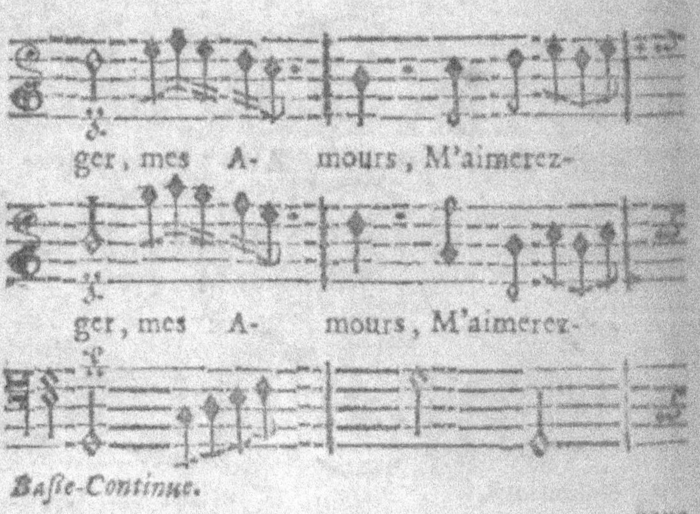
ger, mes A- mours, M'aimerez-
ger, mes A- mours, M'aimerez-
Basse-Continue.

vous

Second Couplet.

Troisiéme Couplet.

mes ! Cette Bel-
le me dit, Les yeux bai-gnez de
lar- mes, Mon Ber- ger, mes
A- mours, Je
t'ai- me- ray toû- jours.
Mon Ber- jours.

Quatriéme Couplet.

Cinquiéme Couplet.

Quoy qu'abſent, chaque jour
Mon cœur ſent qu'il t'adore :
Quand ma bouche à ſon tour
Te dira-t'elle encore ;
Ma Cloris, mes Amours,
Je t'aimeray toûjours !

O iij

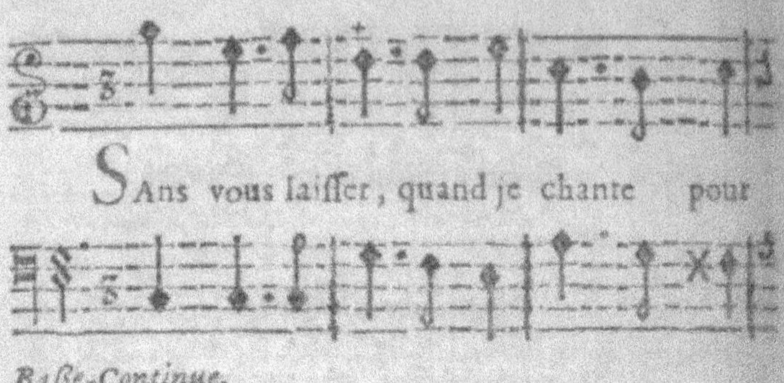

Baße-Continue.

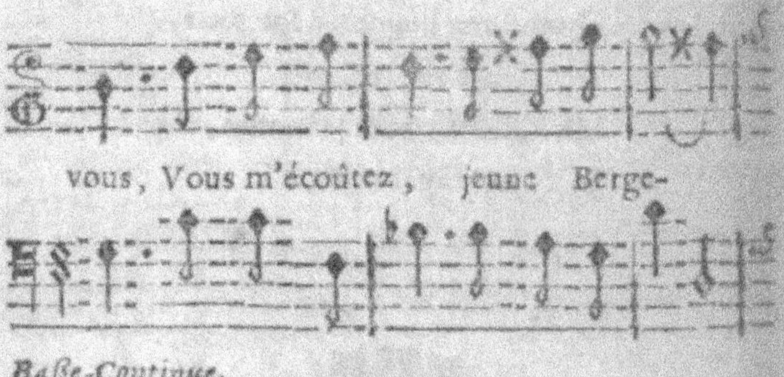

Baße-Continue.

Baße-Continue.

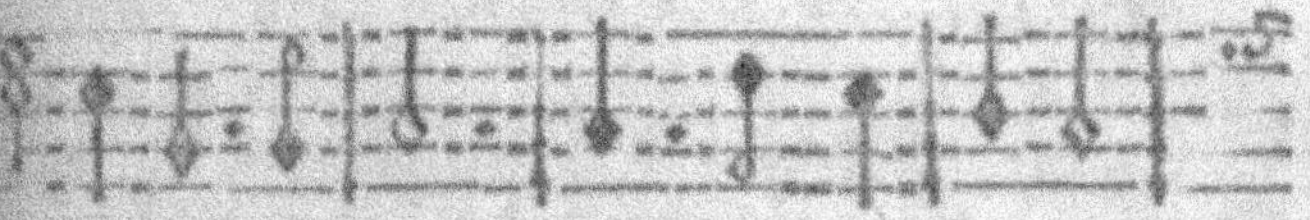

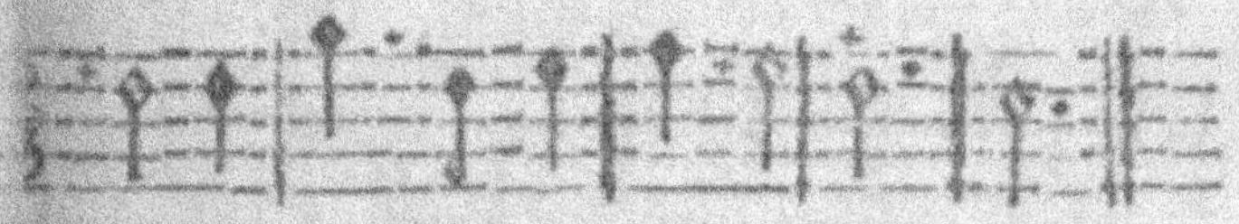

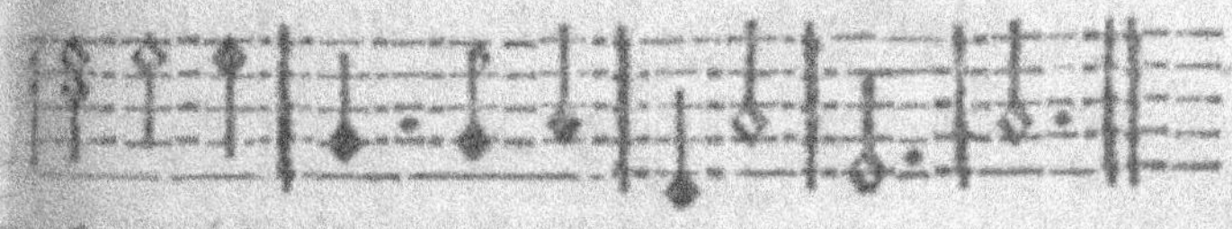

Second Couplet.

Ah ! permettez du moins que dans mes chants,
Je vous découvre mon martire :
Ce qui les rend si tendres, si touchants,
L'Amour seul me l'inspire. *bis.*

Troisiéme Couplet.

Ces chants nouveaux n'ont rien que de flateur,
N'esperez pas de les apprendre :
Pour les former, pour goûter leur douceur,
Il vous faut un cœur tendre. *bis.*

TRIO.

DAns nos Bois, Silvandre s'é- crie,
DAns nos Bois, Silvandre s'é- crie,
DAns nos Bois, Silvan- dre s'é- crie,

Dans nos Bois, Il redit cent fois:
Dans nos Bois, Il redit cent fois:
Dans nos Bois, Il redit cent fois:

Que

Que c'est un mal dan- ge- reux que l'a-
Que c'est un mal dan- ge- reux que l'a-
Que c'est un mal dange- reux que l'a-

mour! He- las! he- las! j'en vais
mour! He- las! he- las! j'en vais
mour! He- las! he- las! j'en vais

per- dre la vie ; Que c'est un
per- dre la vie ; Que c'est un
perdre la vi- e ; Que c'est un

mal dan- ge- reux que l'a- mour ! He-
mal dan- ge- reux que l'a- mour ! He-
mal dange- reux que l'amour ! He-

Second Couplet.

Gardez-vous
Des yeux de Silvie :
Gardez-vous
De ses yeux si doux.
Pour avoir pris à les voir trop d'amour ;
Helas ! helas ! je vais perdre la vie ;
Pour avoir pris à les voir trop d'amour ,
Helas ! helas ! je vais perdre le jour !

Troisiéme Couplet.

Mon ardeur
L'irrite & l'ennuye,
Ma langueur
Aigrit sa rigueur :
Pour n'avoir pû l'enflammer à mon tour ,
Helas ! helas ! je vais perdre la vie ;
Pour n'avoir pû l'enflammer à mon tour ,
Helas ! helas ! je vais perdre le jour !

Sarabande.

Baße-Continue.

Baße-Continue.

Baße-Continue.

Peut effacer   vôtre aimable   pein-
Baſſe-Continue.

ture ,   C'eſt la beauté   de celle que je
Baſſe-Continue.

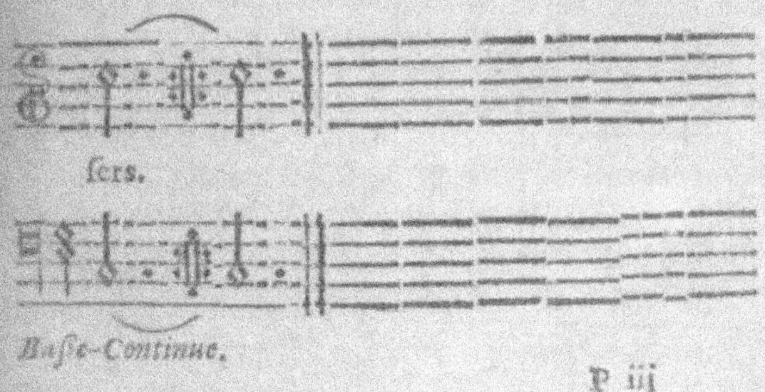
ſers.
Baſſe-Continue.

P iij

Second Couplet.

Vos ornements sont des faveurs de Flore,
Mais le Printemps en termine le cours :
     Tandis que l'on voit tous les jours,
Dessous les pas de l'Objet que j'adore,
Au lieu de fleurs, éclore des Amours.

Autre Couplet.

Vous avez tort de vous plaindre, Amaranthe,
De vos beaux yeux, qui causent le trépas :
     Si tous les cœurs n'en meurent pas,
J'en sçay du moins de qui le feu s'augmente ;
Et par respect qui ne s'en plaignent pas.

TRIO.

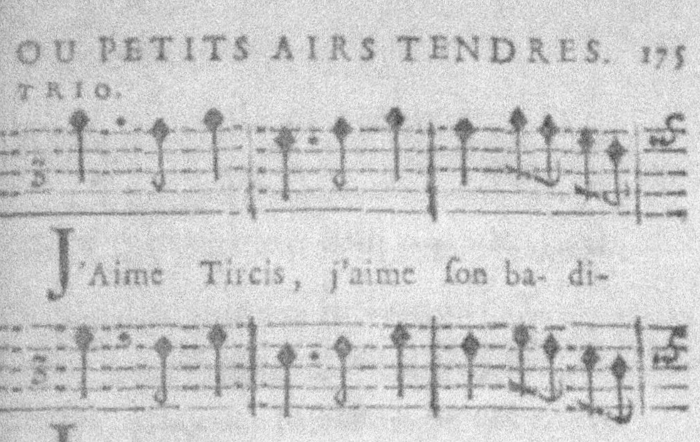
J'Aime Tircis, j'aime son ba- di-
J'Aime Tircis, j'aime son ba- di-
J'Aime Tircis, j'aime son badi-

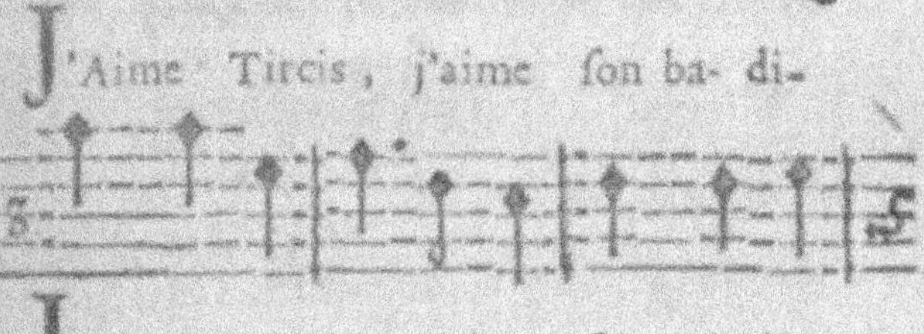

nage, J'aime Tircis, & ne puis le chan-
nage, J'aime Tircis, & ne puis le chan-
nage, J'aime Tircis, & ne puis le chan-

P iv

ger :　　Mais par malheur , si quelqu'autre l'en-

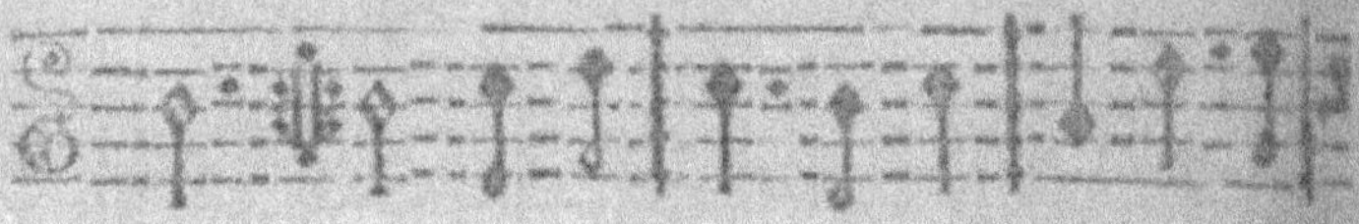

ger :　　Mais par malheur , si quelqu'autre l'en-

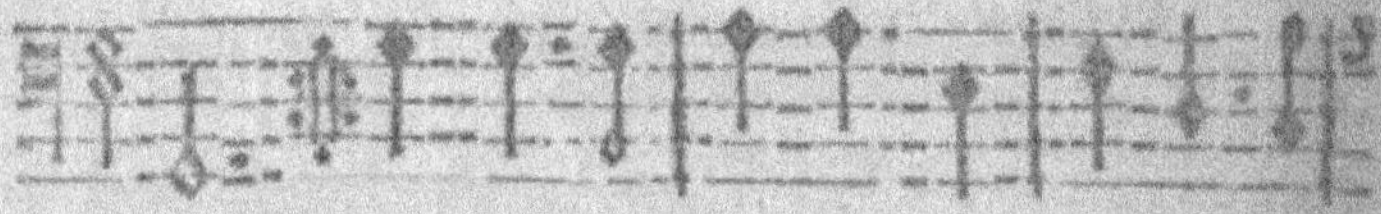

ger :　　Mais par malheur , si quelqu'autre l'en-

gage,　　He-　　　las ! he-
gage,　　He-　　　las !　　he-
gage,　　　He- las !　　he-

Second Couplet.

Ses tendres soins, son amoureux langage,
D'un changement me cachent le danger :
Mais par malheur, si quelqu'autre l'engage,
Helas ! helas ! qui pourra me vanger ?

Troisiéme Couplet.

A mon ardeur, s'il faisoit cet outrage,
Comme son cœur le mien seroit leger :
Toy seul, Amour, si quelque autre l'engage,
Helas ! helas ! toy seul peux me vanger.

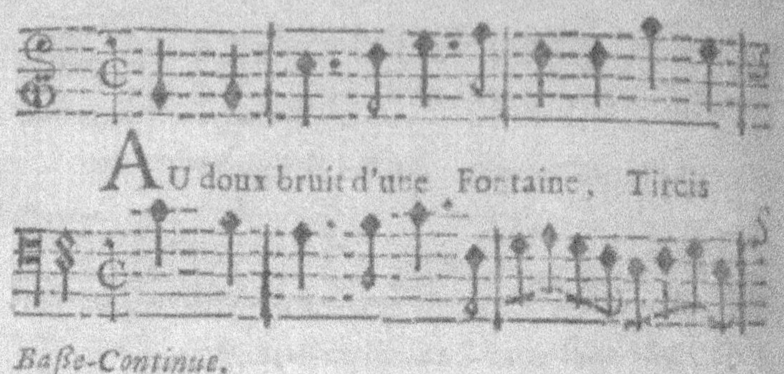
Au doux bruit d'une Fontaine, Tircis
Basse-Continue.

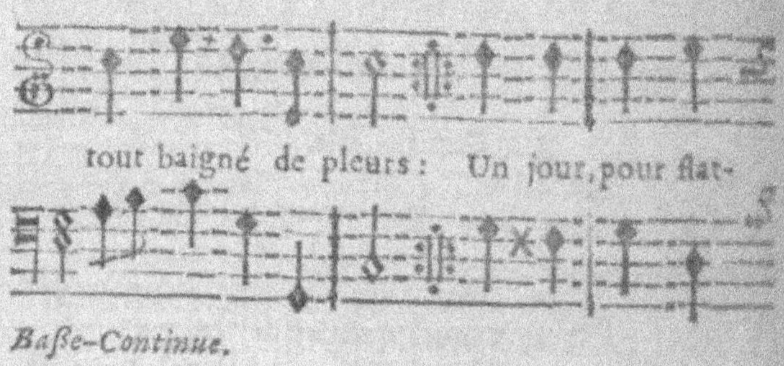
tout baigné de pleurs: Un jour, pour flat-
Basse-Continue.

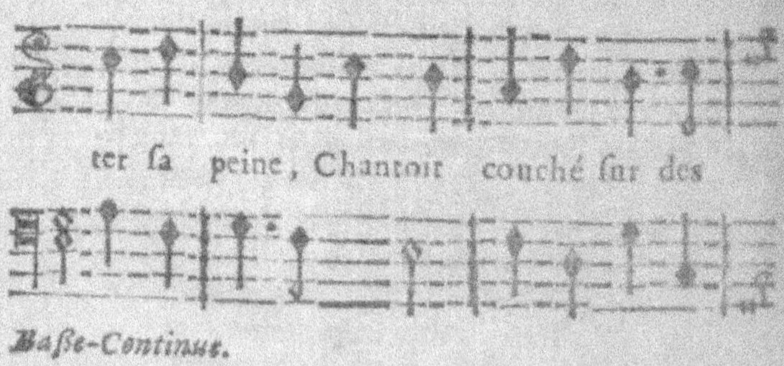
ter sa peine, Chantoit couché sur des
Basse-Continue.

Second Couplet.

L'eau qui coule en cette Plaine,
Murmure de ses douleurs :
Et d'une plaintive haleine,
Zephir les redit aux fleurs ;
Bergere, Belle Inhumaine,
Quand cesseront tes rigueurs ?

Troisiéme Couplet.

Mais, helas ! sa plainte est vaine,
Aussi bien que ses langueurs :
Et Philis a trop de haine,
Pour s'attendrir par des pleurs ;
Bergere, Belle Inhumaine,
Quand cesseront tes rigueurs ?

J'Ay pour tout bien une Mu-
J'Ay pour tout bien u- ne Mu-
J'Ay pour tout bien u- ne Mu-

sette, Une Hou- lette, avec mon
sette, U- ne Hou- lette, avec mon
sette, U- ne Hou- lette, avec mon

Chien: Mais si jamais, si jamais je pos-
Chien: Mais si jamais, si jamais je pos-
Chien: Mais si jamais, si jamais je pos-

se- de Li- sette, Je ne de-
se- de Li- sette, Je ne de-
se- de Li- sette, Je ne de-

man- de plus rien.
man- de plus rien.
man- de plus rien.

Suite en A mi la.

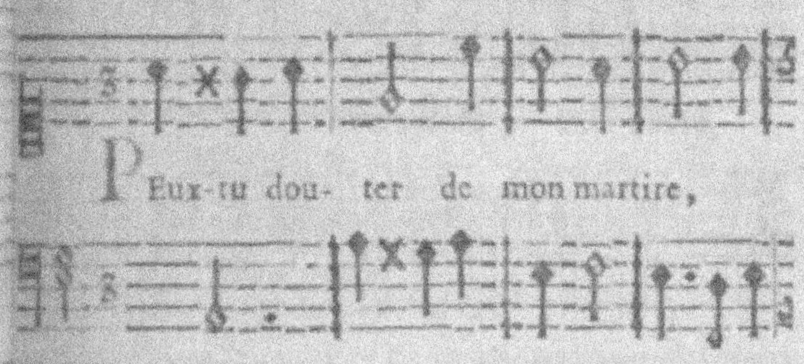

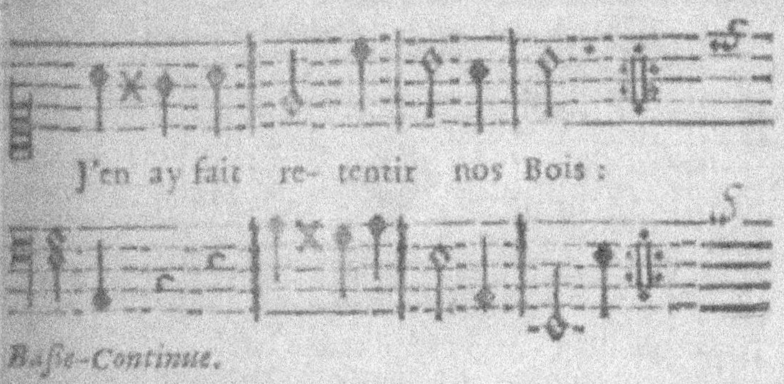

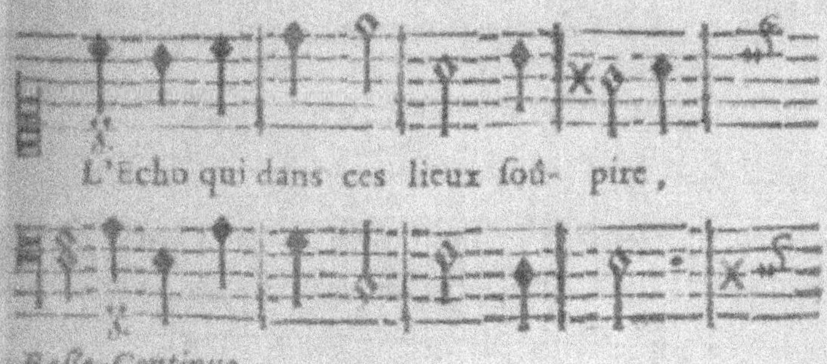

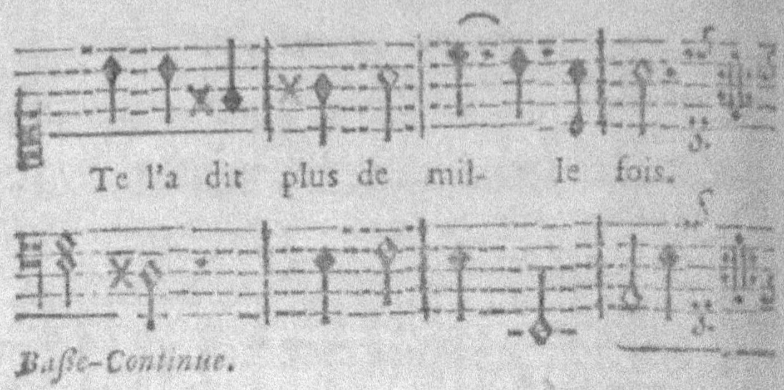

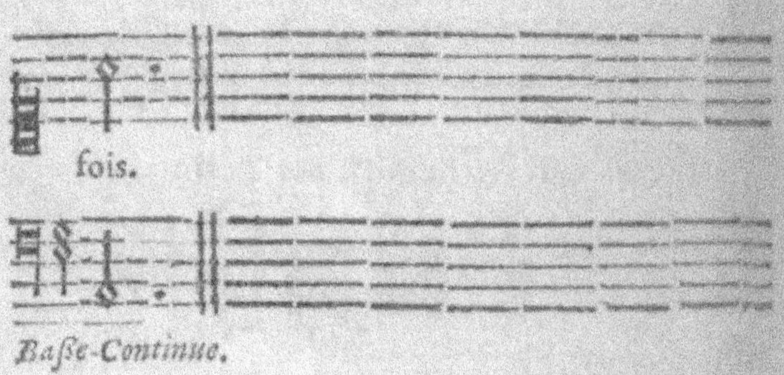

Second Couplet.

Tout gemit icy de mes peines,

Les Oyſeaux chantent mes malheurs:

Le Ruiſſeau qui coule en ces plaines,

Ne s'eſt groſſy que de mes pleurs.

Traiſiéme

Troisiéme Couplet.

On voit le long de la Prairie,
Mes Moutons fans guide paiffant :
Mon peu de foin, dit à Silvie,
Tous les maux que mon cœur reffent.

Quatriéme Couplet.

Helas ! ma douleur eft mortelle ;
Il eft temps de me fecourir :
Quoy ! faute de m'aimer, Cruelle ;
Pourras-tu me laiffer mourir ?

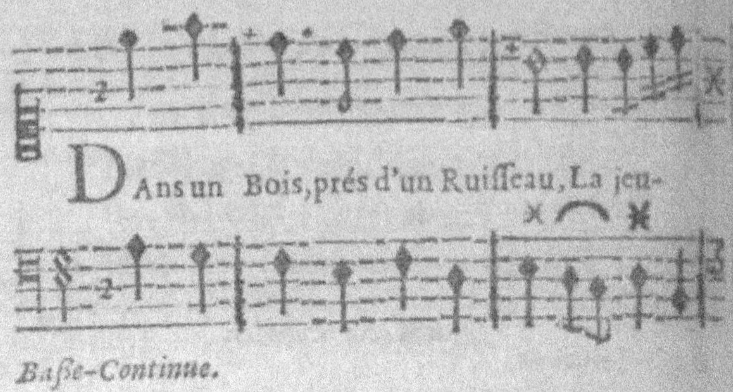

Baſse-Continue.

Baſse-Continue.

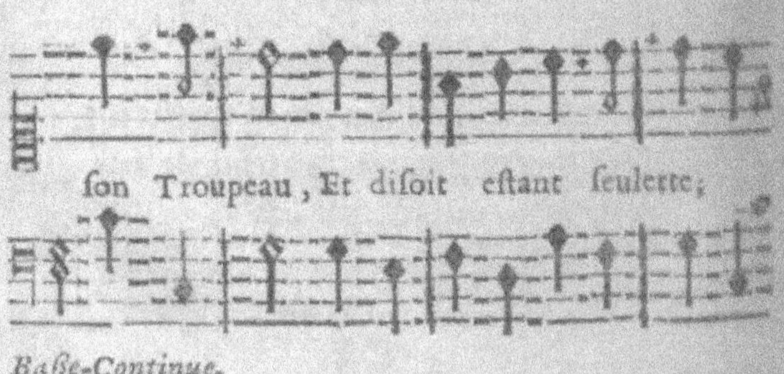

Baſse-Continue.

Second Couplet.

Beau Séjour , aimable Bois ,
Où ſouvent l'Amour m'appelle ;
Lieux charmants , où tant de fois
J'ay vû mon Berger fidele ;
Que vous flattez mon ennuy ,
Quand vous me parlez de luy ?

Q ij

TRIO.

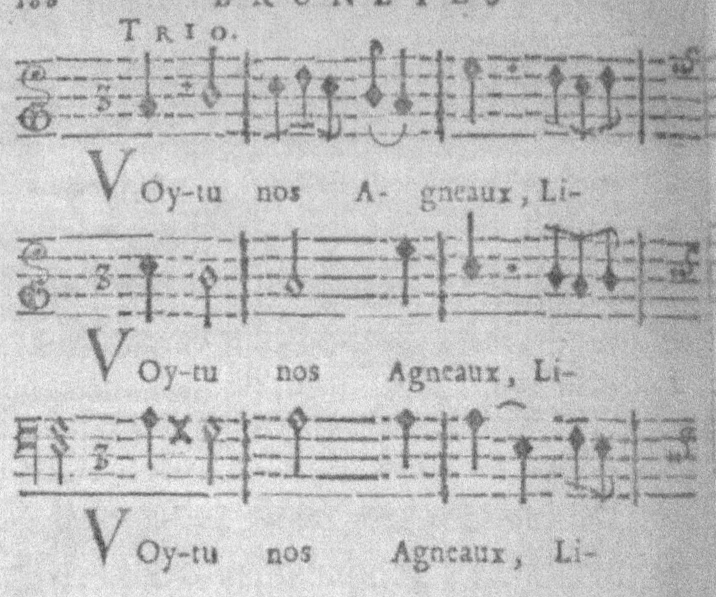
VOy-tu nos A-gneaux, Li-
VOy-tu nos Agneaux, Li-
VOy-tu nos Agneaux, Li-

set- te, Se baiser sur
set- te, Se bai- ser sur
set- te, Se bai- ser sur

ces ga- zons ? Quitte,
ces ga zons ? Quitte,
ces ga- zons ? Quit- te,

Quit- te ta Mu- fet- te,
Quit- te ta Mu- fet- te,
Quit- te ta Mu- fet- te,

Q iij

Faisons comme nos Mou-
Faisons com- me nos Mou-
Fai- sons com- me nos Mou-

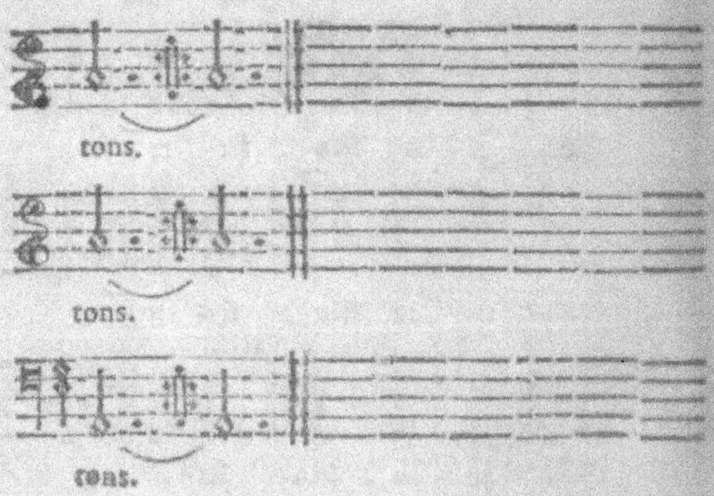
tons.
tons.
tons.

Second Couplet.

Ne croy pas dans ce boccage,
Me pouvoir faire changer :
Laisse, laisse-moy, volage ;
Je n'aime que mon Berger.

Troisiéme Couplet.

Un Berger sur la Fougere
Disoit, je m'en vais mourir :
Vien, vien, luy dit la Bergere ;
Mais, que ce soit de plaisir.

AU bord d'une Fontaine, Tircis brû-
Baſſe-Continue.

lant d'amour, Contoit ainſi ſa pei-
Baſſe-Continue.

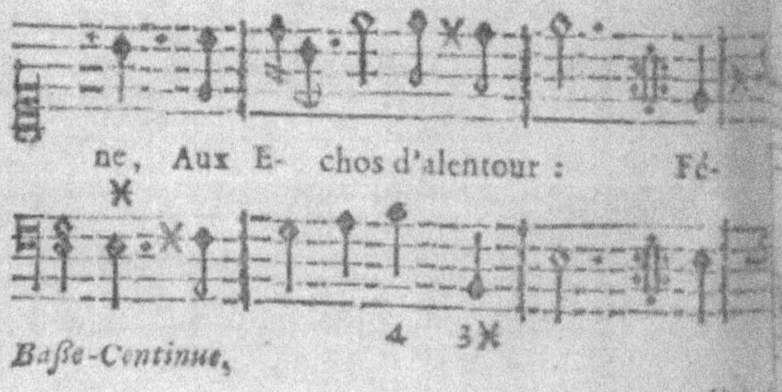
ne, Aux E- chos d'alentour : Fé-
Baſſe-Continue,
licité

licité paf- fée , Qui ne peux reve-
4 X 6
Baſſe-Continue.

nir ; Tourment de ma penſée , Fé-
Baſſe-Continue.

licité paf- fée , Que n'ay-je en te per-
Baſſe-Continue.

Second Couplet.

Troiſiéme Couplet.

le, Mourir que de chan-
ger, Cepen- dant l'In- fi- delle, Ai- me un au- tré Berger :
Fé- li- cité paf- fé- e, Qui
ne peux re- venir, Tourment de
ma pen- fée ; Fé- lici-
té paf- fé- e ; Que n'ay- je en

Quatriéme Couplet.

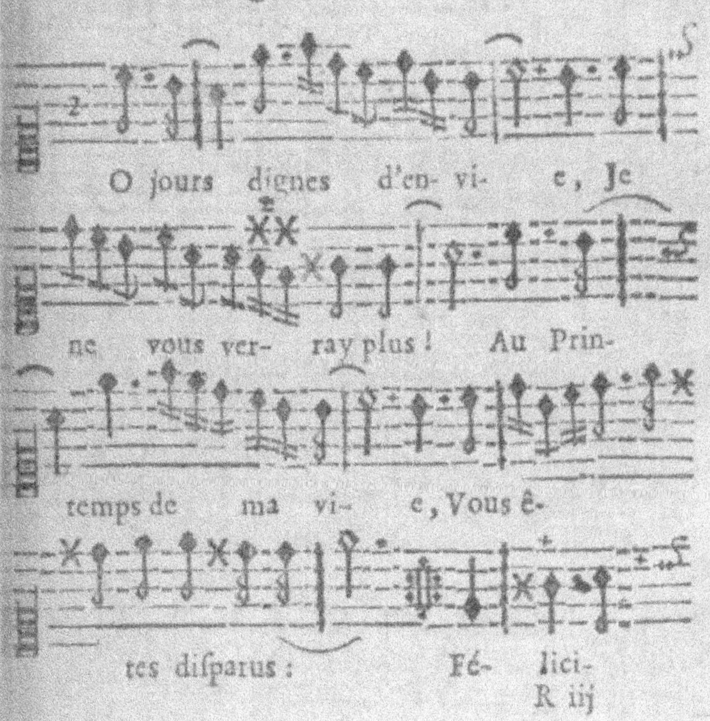

R iij

té paf- fé- e , Qui
ne peux re- ve- nir; Tourment de ma pen- fée ; Fé-
licité paf- fée ; Que n'ay-
je en te per- dant, per-
du le fouve- nir ?

Cinquiéme Couplet.

C'étoit sur ce rivage

A l'ombre de ce bois,

Qu'avec moy la Volage,

Se cachoit autrefois :

Félicité passée,

Qui ne peux revenir ;

Tourment de ma pensée,

Félicité passée ;

Que n'ay-je en te perdant, perdu le souvenir ?

Sixiéme Couplet.

Un autre amour l'appelle

Loin de ces lieux charmants ;

Où je goûtay prés d'elle

De si tendres moments.

Félicité passée ,

Qui ne peux revenir ,

Tourment de ma pensée ;

Félicité passée ;

Que n'ay-je en te perdant, perdu le souvenir ?

R iv

TRIO.

Sujet.

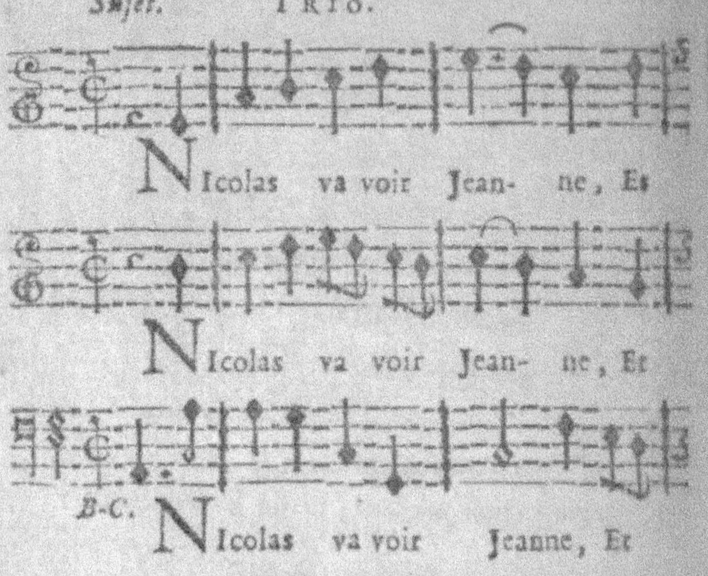
Nicolas va voir Jean- ne, Et
Nicolas va voir Jean- ne, Et
B-C.
Nicolas va voir Jeanne, Et

Jeanne dormez - vous ? Je ne dors
Jeanne dormez - vous ? Je ne dors
Jeanne dor- mez - vous ? Je ne dors

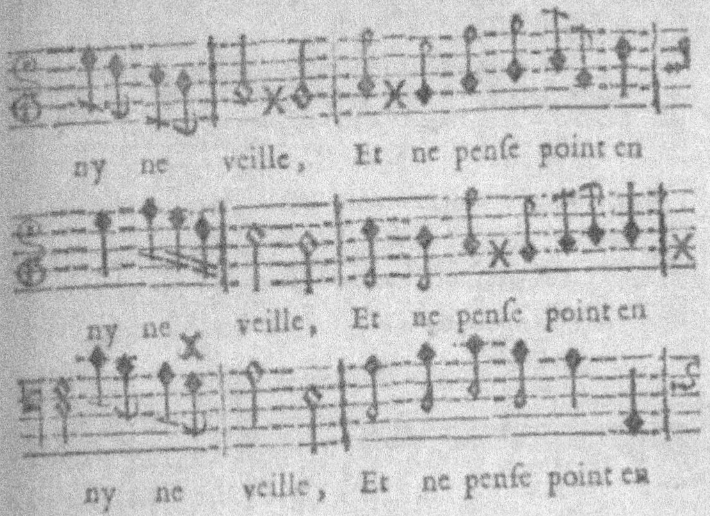
ny   ne   veille,   Et   ne penſe point en
ny   ne   veille,   Et   ne penſe   point en
ny   ne   veille ,   Et   ne penſe point en

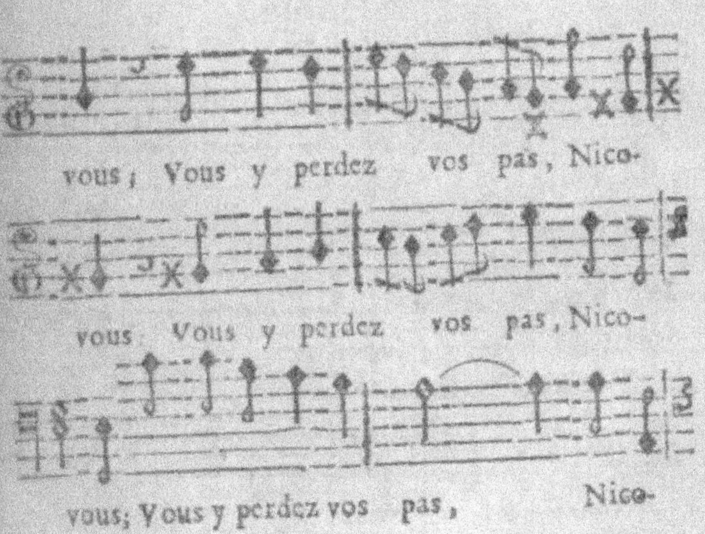
vous; Vous y perdez   vos pas , Nico-
vous   Vous y perdez   vos pas , Nico-
vous; Vous y perdez vos pas ,   Nico-

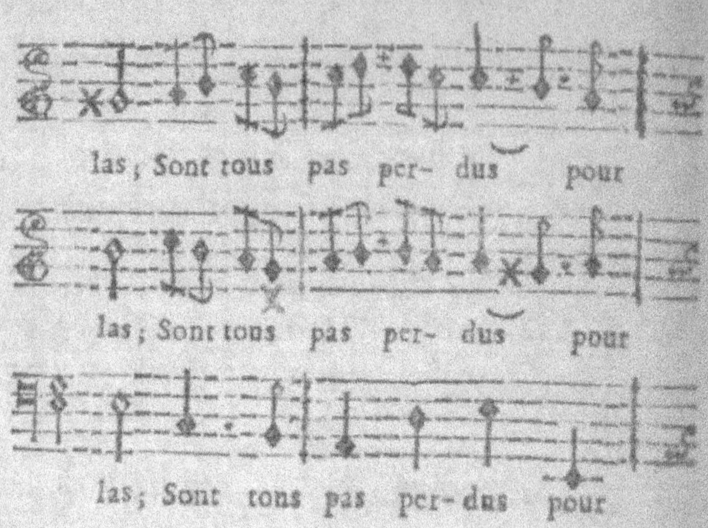
las; Sont tous pas per- dus pour
las; Sont tous pas per- dus pour
las; Sont tons pas per- dus pour

vous. Je vous.
vous. Je vous.
vous. Je vous.

Second Couplet.

n'en re- venez pas. Je monte
sur mon â-　　ne , Pour galoper
au　　　tré- pas : Courez , ne
bron-　chez pas , Nico- las , Sur tout
n'en　　re- ve- nez pas. Cou-
rez , ne　　pas.

Troisiéme Couplet.

Nicolas luy dit, Folle,

Elle l'appella, Fou;

A ces douces paroles,

Il luy veut tâter le poul.

Vous y perdez vos pas,

Nicolas ;

Sont tous pas perdus pour vous.

Quatriéme Couplet.

Ma foy, dit-il, je grille,

Et meurs pour vos yeux doux :

Jéanne avec sa bequille

Pensa l'assommer de coups.

Vous y perdez vos pas ,

Nicolas ;

Sont tous pas perdus pour vous.

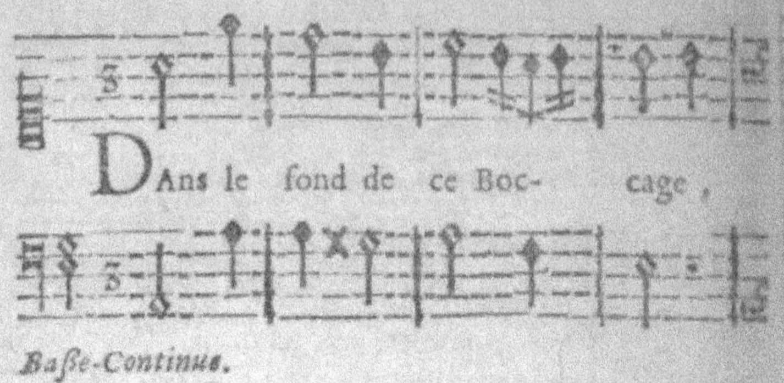

Baſſe-Continue.

Baſſe-Continue.

Baſſe-Continue.

Second Couplet.

Ils contoient leur esclavage ,
Pour le plus grand de leurs biens :
O Dieux les charmants liens !
O Dieux le tendre langage !

Troisiéme Couplet.

Des Oyseaux , le doux ramage ,
Entre-coupoit leur discours :
S'ils y venoient tous les jours ,
Que j'aimerois ce Boccage !

Basse-Continue.

Basse-Continue.

jours seu- lette, Dans ces Bois de bout en

Basse-Continue.

bout.

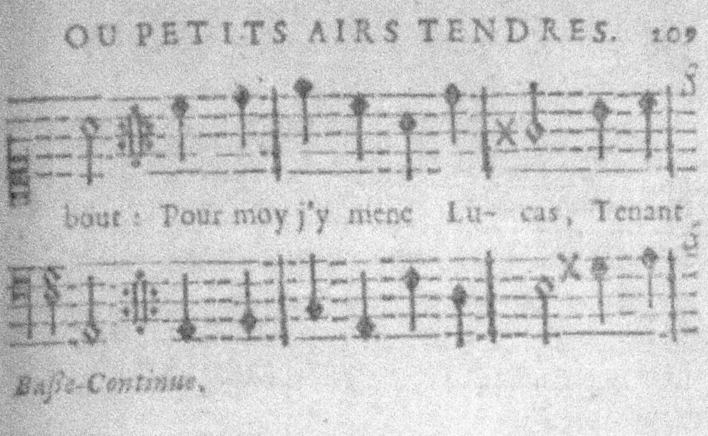
bout : Pour moy j'y mene Lu- cas, Tenant
Baſſe-Continue.

ma Houlette, Pour moy j'y mene Lu-
Baſſe Continue.

cas, Avec ſon grand écha- las.
Baſſe-Continue.

BRUNETES
DUO.

Rondeau.

Second Couplet.

C'est une erreur que d'être trop fidele ;
Pour un Objet qui se rit de nos pleurs :
Tu n'as que trop adoré ta Cruelle,
Pour l'oublier, il faut aimer ailleurs ;
C'est une erreur que d'être trop fidele,
Pour un Objet qui se rit de nos pleurs.

J'Avois juré que l'Amour Ne fe-
Baſſe-Continue.

roit jamais ma peine : Et cependant
Baſſe-Continue.

nuit & jour, Je languis pour Celi-
Baſſe-Continue.

Baſſe-Continue.

Baſſe-Continue.

Second Couplet.

Fier de ma tranquillité
Je defiois les plus Belles :
Et je faiſois vanité
D'eſtre libre , au millieu d'elles.
Helas ! je m'apperçois bien ,
Qu'il ne faut jurer de rien !

S ij

Troisiéme Couplet.

J'osois traiter de fureur
Ce qu'on appelle tendresse :
Et je fremissois d'horreur
Au seul nom d'une Maîtresse ;
Helas ! je m'apperçois bien ,
Qu'il ne faut jurer de rien !

Quatriéme Couplet.

Dés le moment que je vis
Les beaux yeux de Celimeine :
Je connus que j'étois pris ,
Et je dis sentant ma peine ;
Helas ! je m'apperçois bien ,
Qu'il ne faut jurer de rien !

Cinquiéme Couplet.

Cette Belle a des appas ,
Dont on ne peut se deffendre :
Mon cœur, ne t'étonne pas ,
Si je me suis laissé prendre ;
Helas ! je mapperçois bien ,
Qu'il ne faut jurer de rien !

TRIO.

LA jeune Iris me fait aimer ſes
LA jeune Iris me fait aimer ſes
LA jeune Iris me fait aimer ſes

chaînes, Bien que ſon cœur s'oppo-
chaînes, Bien que ſon cœur s'oppo-
chaînes, Bien que ſon cœur s'oppo-

se à mes de- firs: Ah! si l'A-
se à mes de- firs: Ah! si l'A-
se à mes de- firs: Ah! si l'A-

mour a de si dou- ces pei- nes,
mour a de si dou- ces pei- nes,
mour a de si douces   peines,

Helas !

He- las ! qu'est-ce donc
He- las ! qu'est-ce donc
He- las ! helas ! qu'est-ce donc

que ses plaisirs ?
que ses plaisirs ?
que ses plaisirs ?

TOME I.　　　　　　　　　　　T

Second Couplet.

Mon trouble croît , ma langueur est extrême ,
Plus je soûpire , & plus je suis charmé :
Ah s'il est doux de souffrir , quand on aime ,
Helas , qu'est-ce donc que d'estre aimé ?

Troisiéme Couplet.

Dans mes tourments je me flatte moy-même ,
D'un doux espoir mon cœur est enflammé :
S'il est si doux d'esperer , quand on aime ,
Helas , qu'est-ce donc que d'estre aimé ?

Suite en F ut fa.

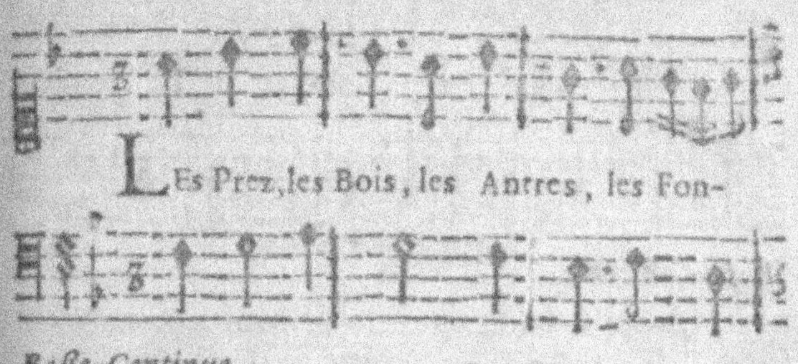

Baſſe-Continue.

Baſſe-Continue.

Baſſe-Continue.

T ij

Basse-Continue.

Basse-Continue.

Second Couplet.

Inceſſamment il languit, il ſoûpire;
Et par ſes pleurs irrite ſon tourment:
Le Roſſignol touché de ſon martyre;
Avecque luy ſoûpire à tout moment.

Troiſiéme Couplet.

L'Echo ſenſible aux peines qu'il endure,
D'un ton plaintif exprime ſa douleur:
Et les Ruiſſeaux ſemblent par leur murmure;
De ſa Philis condamner la rigueur.

DIALOGUE.

TIRCIS.

Quand tu m'aimois, infidele Silvie,
Quand tes faveurs m'affûroient de ta foy :
Ah que mon fort eſtoit digne d'envie !
Je ne voyois rien au deſſus de moy.

SILVIE.

Volage Amant, que ta plainte eſt cruelle !
Tant que ton cœur a vêcu ſous ma loy ;
Qu'il a brûlé d'une ardeur mutuelle,
Me ſuis-je crû moins heureuſe que toy !

TIRCIS.

Pour me vanger de ton ame inconſtante
La jeune Iris veut ſoûmettre mon cœur :
Tout rend hommage à ſa beauté naiſſante,
Et je pourrois en être le vainqueur.

SILVIE.

Jamais Damon ne trouva d'Inhumaine
Il eſt diſcret, & plus beau que le jour :
Et tous les ſoirs ce Berger, dans la plaine,
Flatte mon Chien, & me parle d'amour.

TIRCIS

Bien que tu ſois inquiette & legere,
Et bien qu'Iris vueille me rendre heureux ;
Si tu brûlois d'une flamme ſincere
Je voudrois vivre & mourir dans tes nœuds.

SILVIE

Bien que tu ſois inconſtant, & colere,
Bien que Damon ait l'art de tout charmer !
Ingrat Berger, ne ſonge qu'à me plaire ;
Je ſuis encor toute preſte à t'aimer.

J iij

Basse-Continue.

Basse-Continue.

Basse-Continue.

Ne sçavez - vous pas, dit - elle, Que je
Basse-Continue.

ne puis m'en- gager, Comment serois-
Basse-Continue.

je infi- dele, A mon ai- ma- ble Berger
Basse-Continue.

T iij

Second Couplet.

Qu'a donc fait, jeune Bergere,
Luy dis je, dans mon transport,
Vôtre Berger pour vous plaire,
Et vous engager si fort
Hé, qu'auroit-il fait, dit elle,
Rien, s'il le faut dire ainsi;
Sinon qu'il me fût fidele,
Et je le veux estre aussi.

Troisiéme Couplet.

En vous aimant davantage
Et plus constamment que luy,
J'auray, je crois, l'avantage
Qu'a ce Berger aujourd'huy.
Il ne s'en suit pas, dit-elle,
Et quand mon jeune Berger
Cessera d'estre fidele,
Il sera temps d'y songer.

Quatriéme Couplet.

Adieu donc, jeune Bergere,
Puisque vous ne m'aimez pas;
Je m'en vais sur la fougere,
Pour y chercher le trépas.
Hé quand vous mourrez dit-elle,
Qu'en dira t'on autrement ?
Sinon que je suis fidele,
Et vous malheureux Amant.

Legerement.

Basse-Continue.

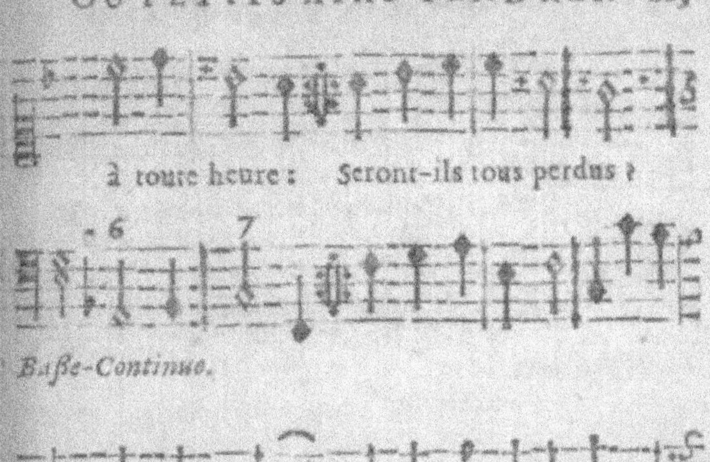
à toute heure : Seront-ils tous perdus ?
. 6   7
Basse-Continue.

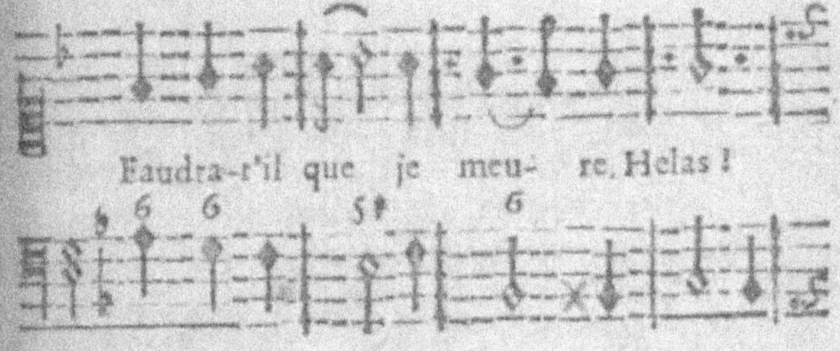
Faudra-t'il que je meu- re, Helas !
6   6   5#   6
Basse-Continue.

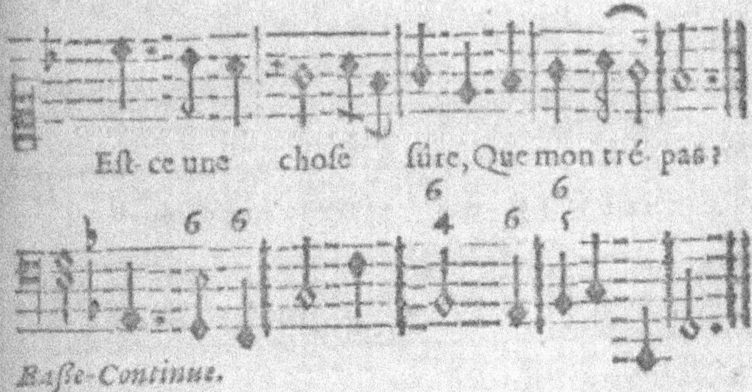
Est- ce une   chose   sûre, Que mon tré- pas ?
6   6
6 6   4   6 5
Basse-Continue.

Sarabande.

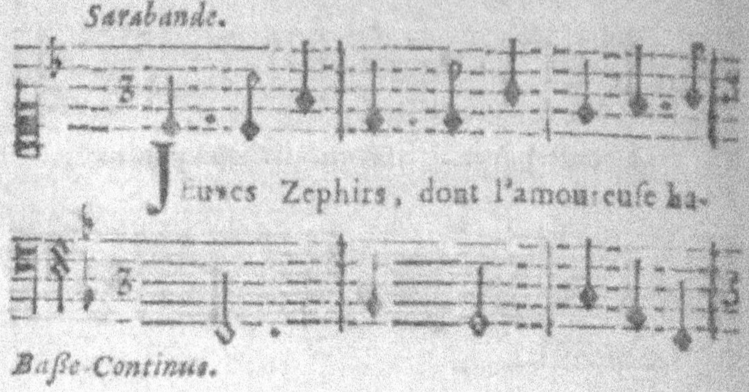

Basse-Continue.

Basse-Continue.

Basse-Continue.

tes ſes beautez, n'auroiët ſur vous qu'une
Baſſe-Continue.

puiſſance vaine; Si comme moy vous ai-
Baſſe-Continue.

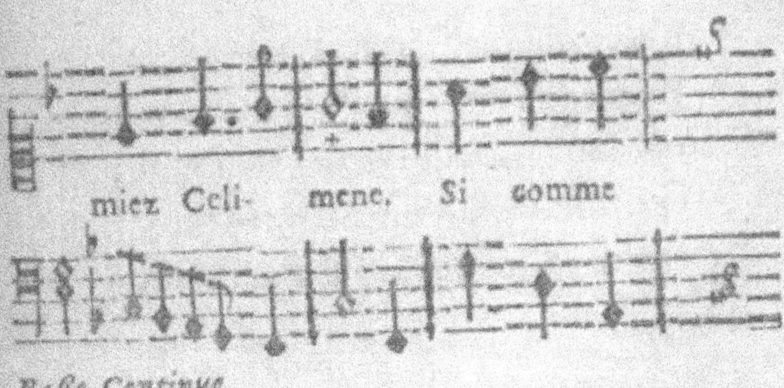

miez Celi- mene, Si comme
Baſſe-Continue.

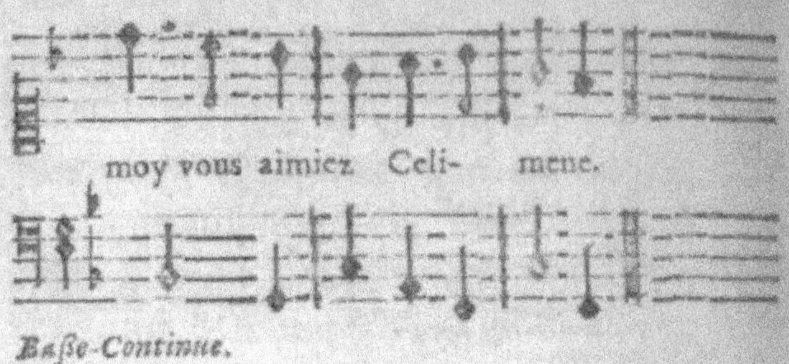

Baſſe-Continue.

Second Couplet.

Que les Amours ſuivent la belle Flore?
Que ſes attraits luy gagnent mille cœurs?
Que le Printemps la couronne de fleurs?
Jeunes Zephirs, je le ſoûtiens encore,
Rien n'eſt égal à celle que j'adore? *bis.*

Autre Couplet.

Jeunes Amants, qu'une Beauté cruelle
Tient enchaînez ſous l'Empire amoureux,
Je vous apprends, illuſtres Malheureux,
Que s'il ſe trouve une Maîtreſſe belle,
Il n'en eſt pas une qui ſoit fidele. *bis.*

Autre Couplet.

Jeunes Beautez dont le cœur est capable,
D'estre sensible aux amoureux desirs ;
Souvenez-vous d'étouffer vos soûpirs ,
Et que s'il est un Berger agreable ,
Il n'en est point dont l'amour soit durable. *bis.*

Autre Couplet.

Me croyez vous d'un cœur impenetrable ,
Pour resister à l'effet de vos coups ?
Je ne sçais pas , malgré vôtre courroux ,
Qui de nous deux peut-estre le coupable ;
Moy d'estre Amant, vous, Philis, d'estre aimable, *bis.*

Baſſe-Continue.

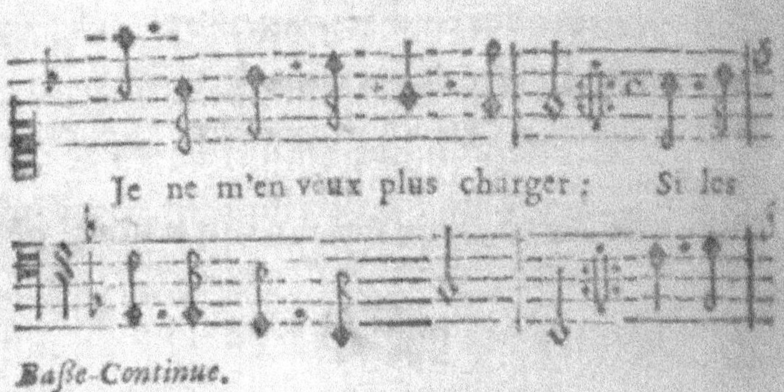

Baſſe-Continue.

Baſſe-Continue.

ne sçaurois qu'y faire ; N'eſt-ce pas à
Baſſe-Continue.

toy d'y fon   ger? Garde tes Mou-
Baſſe-Continue.

tons, Berge-   re ,   Je ne m'en veux
Baſſe-Continue.

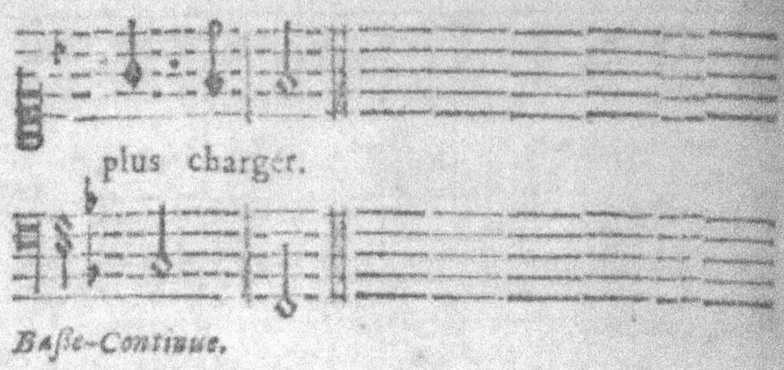

Baſſe-Continue.

Second Couplet.

Puiſque ton ame eſt volage,
Rend-moy mon cœur & ma foy ;
L'on dira dans nôtre Village,
Bergere, que tu n'es pas ſage,
D'en aimer un autre que moy.
Puiſque ton ame eſt volage,
Rend-moy mon cœur & ma foy.

TRIO

UN tendre amour toûjours nous inqui-
UN tendre amour toûjours nous inqui-
UN tendre amour toûjours nous inqui-

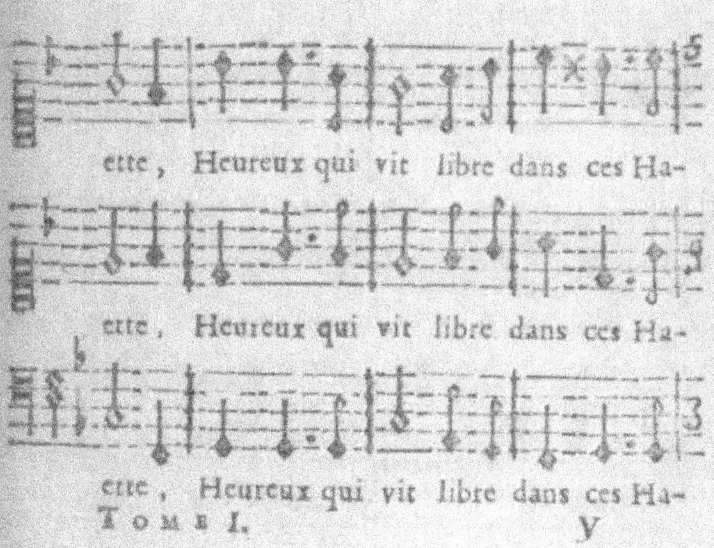
ette, Heureux qui vit libre dans ces Ha-
ette, Heureux qui vit libre dans ces Ha-
ette, Heureux qui vit libre dans ces Ha-

meaux! Si je n'avois aimé que
meaux! Si je n'avois aimé que
meaux! Si je n'avois aimé que

ma Musette, Je me serois épar-
ma Musette, Je me serois épar-
ma Musette, Je me serois épar-

Second Couplet.

Lorſqu'à l'Amour nôtre cœur s'abandonne,
Il ſe promet les plus tendres plaiſirs :
Mais , en aimant, ſouvent il ne moiſſonne
Que noirs ſoupçons, que troubles, & que ſoûpirs.

V ij

Baſſe-Continue.

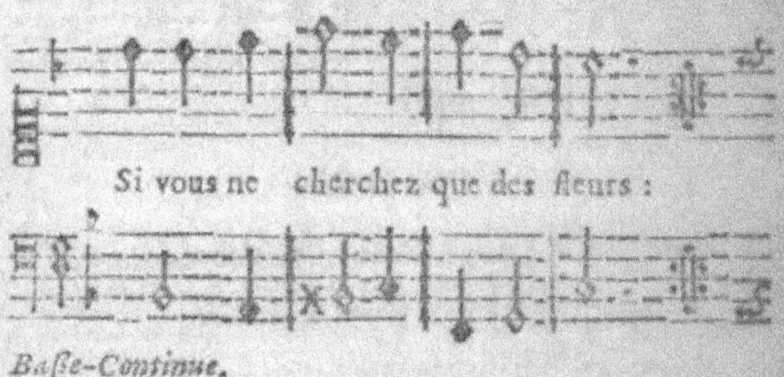

Baſſe-Continue.

Baſſe-Continue.

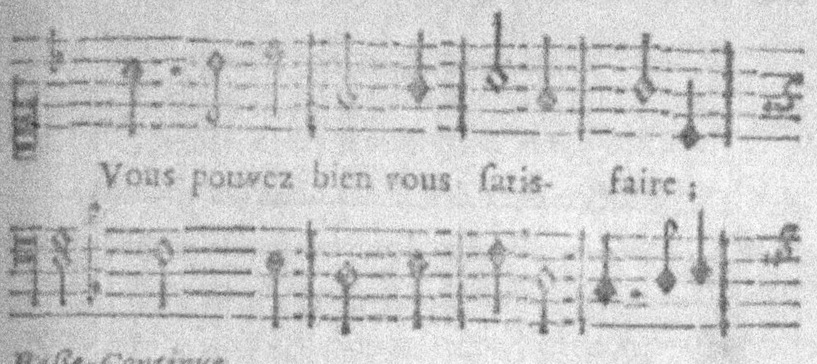

Basse-Continue.

Basse-Continue.

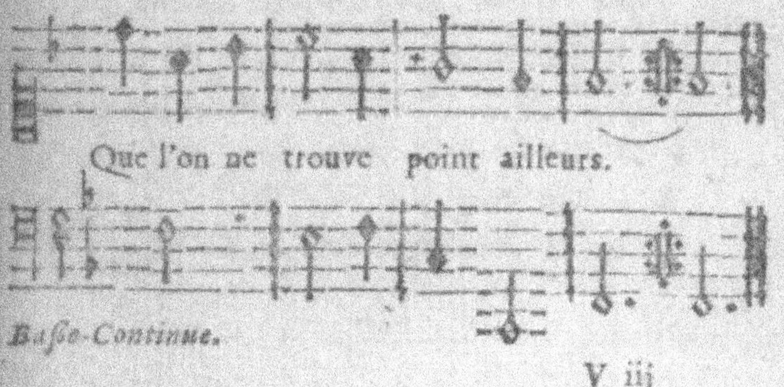

Basse-Continue.

V iij

Second Couplet.

Pourquoy defcendre dans la Plaine,
Et chercher des fleurs dans les champs?
Pourquoy vous donner tant de peine,
Repofez-vous prés de Climene?
Vous en trouverez en tout temps,
En hyver, ainfi qu'au Printemps.

Troifiéme Couplet.

Où trouver plus de fleurs éclofes,
Que fur le teint de ma Philis?
En tout temps on y voit des rofes,
Qui font honte aux plus belles chofes!
En tout temps on y voit des lys,
Dont fes attraits font embellis.

Quatriéme Couplet.

Ah, Dieux! que cette belle bouche,
Fait goûter d'innocents plaifirs!
Si-tôt qu'un tendre amour la touche,
Elle ceffe d'être farouche;
Et fait connoître fes defirs,
Par des baifers, & des foûpirs.

Baſſe-Continue.

Baſſe-Continue.

Baſſe-Continue.

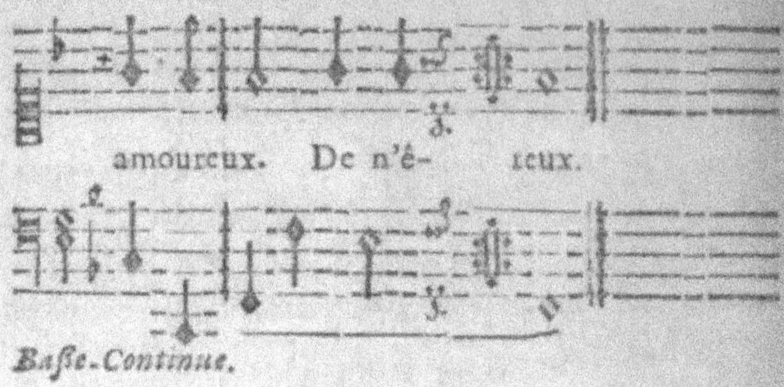

Baſſe-Continue.

Second Couplet.

Je languis, je ſoûpire,
Sans eſpoir d'être aimé :
Et cache mon martyre,
Aux yeux qui m'ont charmé.

Troiſiéme Couplet.

Que cette violence
Coûte cher à mon cœur ?
Je ſens que le ſilence,
Irrite ſon ardeur ?

Quatriéme Couplet.

Ah c'eſt trop me contraindre,
Je vais la découvrir !
Hé, que ſert-il de feindre,
Puiſqu'il en faut mourir.

Autre

Autre Couplet.

Les Moutons paissent l'herbe,
Les Abeilles les fleurs :
Et ma Belle superbe,
Se nourrit de mes pleurs.

Autres Couplets.

Ce n'est point où j'aspire
Qu'à finir mes langueurs ;
Mais de vous pouvoir dire,
C'est pour vous que je meurs.

Second Couplet.

Une amour mercenaire
Ne fait point mon espoir ;
Mon but est de vous plaire,
Vous aimer, & vous voir.

Troisiéme Couplet.

L'Amour n'a plus d' flame
Maintenant dans les Cieux,
Il brûle dans mon ame,
Il brille dans vos yeux.

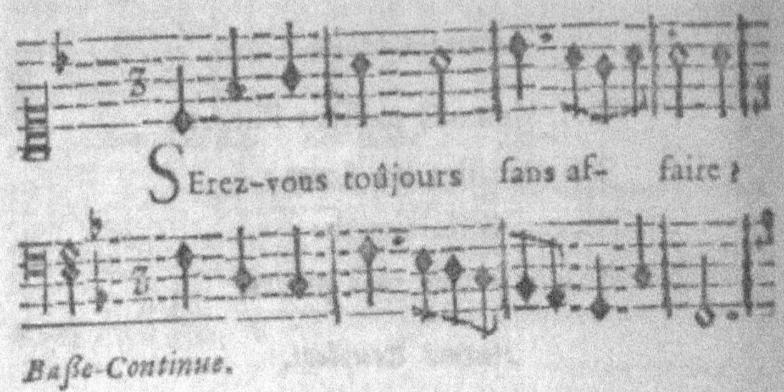

Baße-Continue.

Baße-Continue.

Baße-Continue.

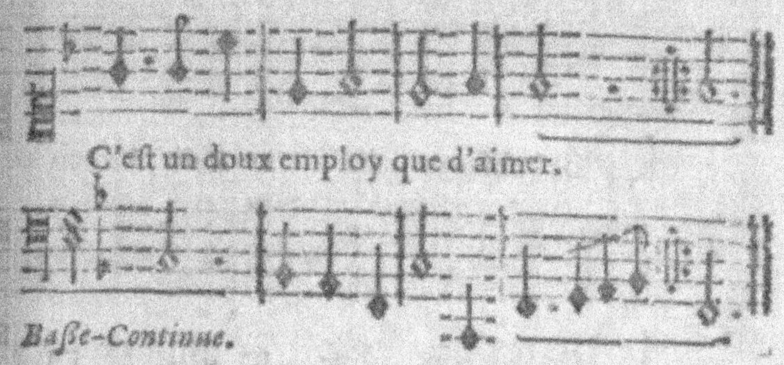

Autres Couplets.

Vous ne ſçauriez jamais mieux faire ;
Que de vous laiſſer enflammer :
Iris, quand on a l'art de plaire,
Le cœur eſt obligé d'aimer.

Second Couplet.

Vôtre humeur à l'Amour contraire,
En vain de fierté veut s'armer :
Si malgré vous, vous ſçavez plaire,
Malgré vous, vous pourez aimer.

Que l'absence d'u- ne Belle, Est un
Que l'absence d'u- ne Belle, Est un
Que l'absence d'une Belle, Est un

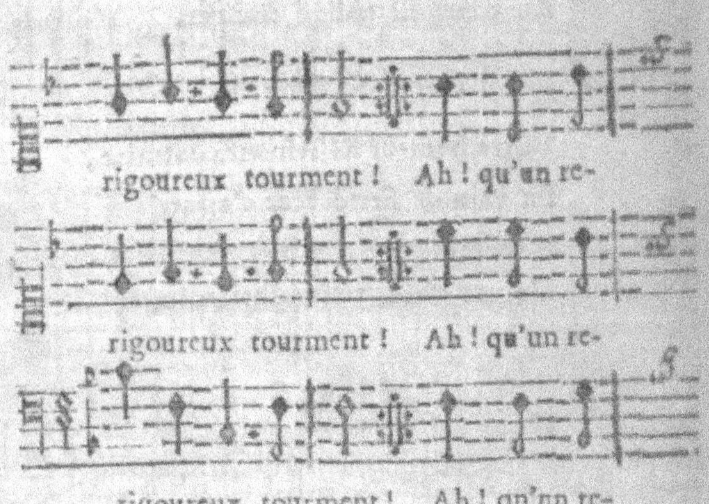

rigoureux tourment ! Ah ! qu'un re-
rigoureux tourment ! Ah ! qu'un re-
rigoureux tourment ! Ah ! qu'un re-

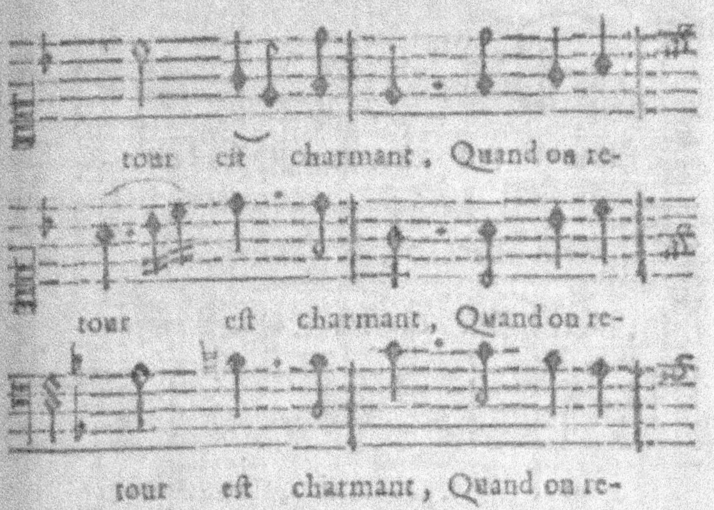
tour est charmant, Quand on re-
tour est charmant, Quand on retour est charmant, Quand on re-

trouve un cœur fidel- le! Ah! qu'un re-
trouve un cœur fidel- le! Ah! qu'un re-
trouve un cœur fidel- le! Ah! qu'un re-

X iij

tour est charmant, Quand on re-
tour est charmant, Quand on retour est charmant, Quand on re-

trou- ve un cœur constant ! stant !
trou- ve un cœur constant ! stant !
trou- ve un cœur constant ! stant !

Suite en D la re.

Tendrement.

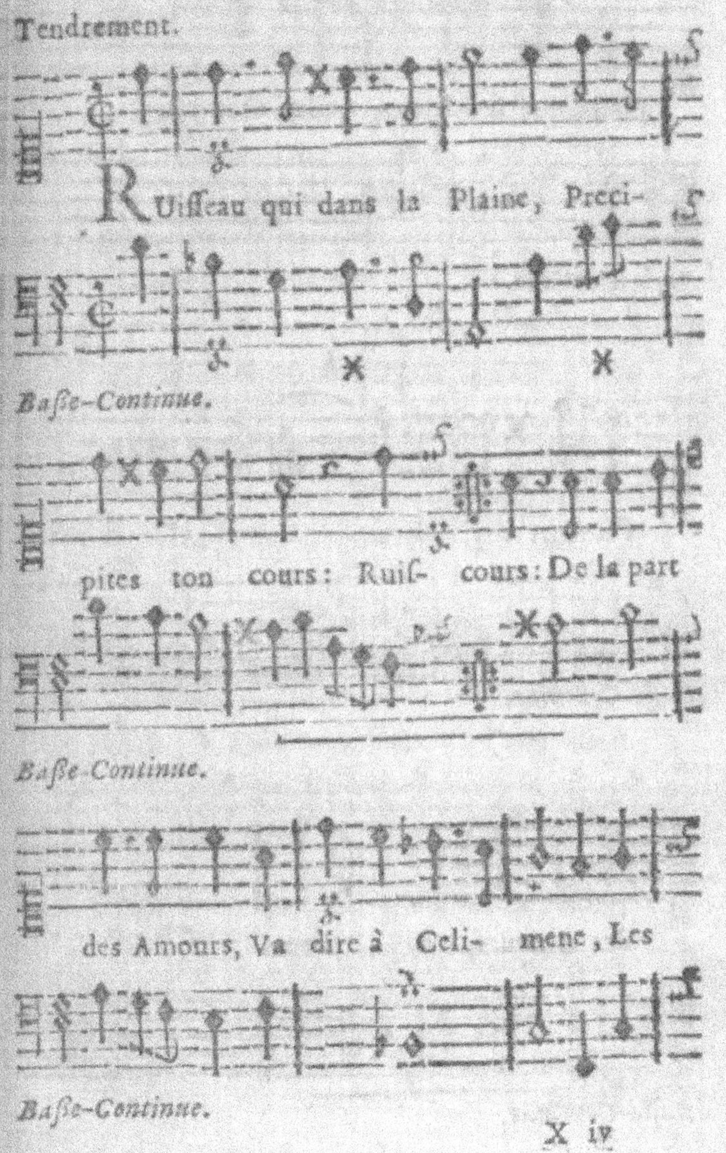

X iv

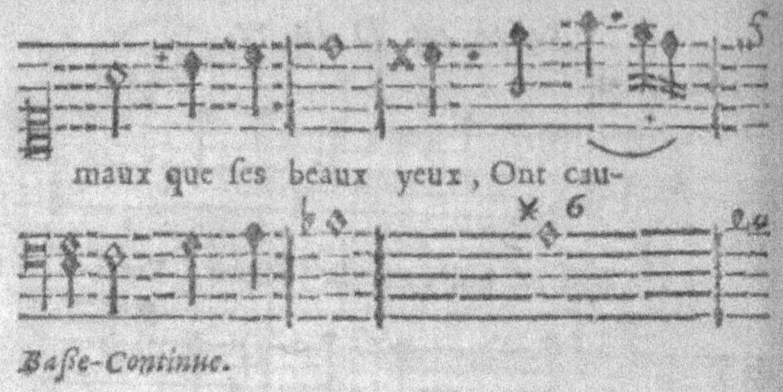

Basse-Continue.

Basse-Continue.

Basse-Continue.

Second Couplet.
Dy-luy qu'en son ab- sen-
ce, Tout sé- che en nos côteaux : Dy-
teaux : Et que tous les Oy- seaux, Y
gar- dent le silen- ce ; Et
pour fai- re l'amour, At-
ten- dent son retour.

J'Ay perdu ma liberté, Sans cesse
Baſſe-Continue.

je ſoûpi- re : Pour u- ne jeu-
Baſſe-Continue.

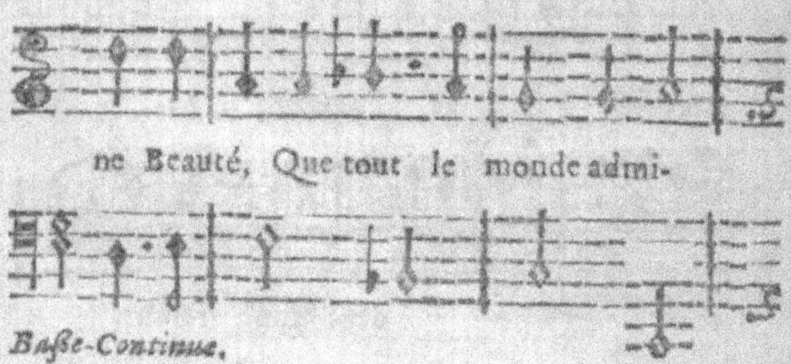
ne Beauté, Que tout le monde admi-
Baſſe-Continue.

Baſſe-Continue.

Baſſe-Continue.

Second Couplet.

A peine avoit-elle atteint
Le printemps de ſon âge :
Qu'Amour eſtoit déja peint
Deſſus ſon beau viſage ;
La Roſe & les Lys de ſon teint,
Cauſent mon eſclavage.

Troiſiéme Couplet.

Si ſes yeux eſtoient moins beaux,
Son humeur moins polie :
J'aurois bien moins de Rivaux,
Et moins de jalouſie ;
Je voudrois bien que ma Philis,
Ne fût pas ſi jolie.

Jusqu'icy mes soins & ma peine,
Basse-Continue.

Prés de vous n'ont pas ré- ussi :

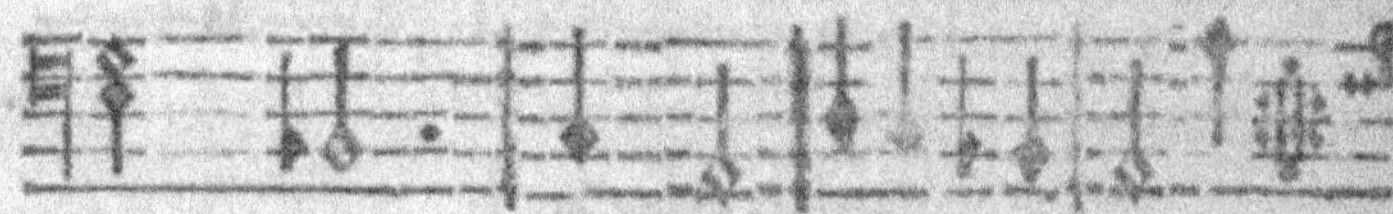
Basse-Continue.

Mais, si je perds le temps, Cli- mene,
Basse-Continue.

Basse-Continue.

Autre Couplet.

Vos yeux par leur douceur extrême,
Malgré moy me viennent charmer :
Aimez-moy, puisque je vous aime,
Ou ne me forcez plus d'aimer.

Autre Couplet.

Ne vous mocquez point, Artenice ;
Des douces flâmes de l'Amour :
Si vous ne luy faites justice,
Il se la fera faire un jour.

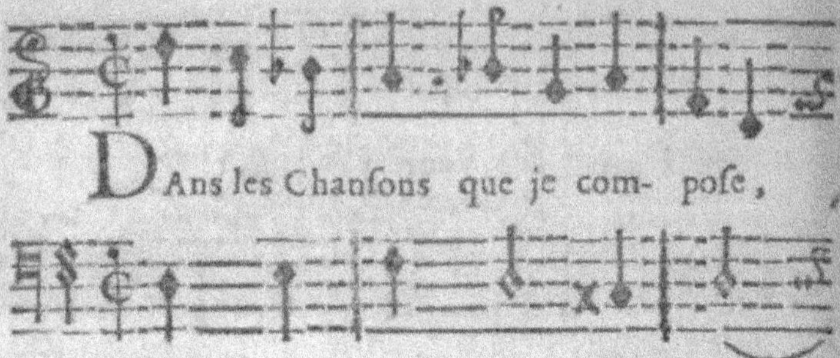
DAns les Chansons que je com- pose,
Baſe-Continue.

Vous ne voulez que des Ruiſſeaux : Des
Baſe-Continue.

Prez, des Bois, des Arbriſſeaux; Pour moy j'en
Baſe-Continue.

Basse-Continue.

Basse-Continue.

Second Couplet.

Un Rocher, un lieu solitaire,
Des Zephirs, des Champs, des Forests :
Ont pour vous de puissants attraits,
Et j'en découvre le mistere ;
Belle Philis, c'est qu'ils sont tous,
Insensibles comme vous.

Troisiéme Couplet.

Il vaudroit mieux, belle Inhumaine ;
Soûpirer tous deux à la fois :
Laissons les Rochers & les Bois,
Parlons de soulager ma peine ;
Et soyez pour un malheureux,
Un peu plus sensible qu'eux.

Sarabande.   TRIO.

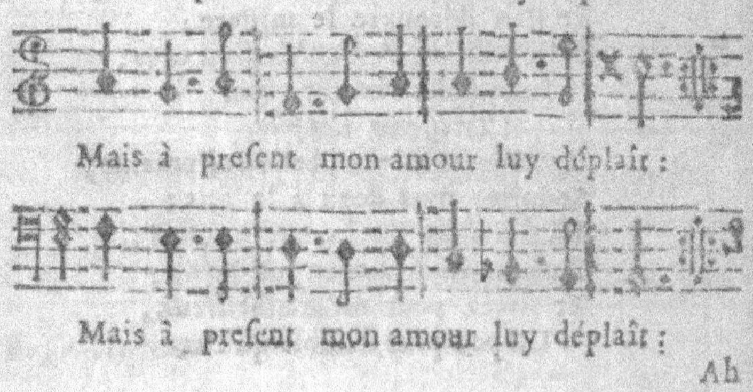

Ah

Ah qu'elle est belle ! Cette Infi- delle ;
Ah qu'elle est belle ! Cette Infi- delle ;
Ah qu'elle est belle ! Cette Infi- delle ;

Qu'elle me plaît, Toute Ingratte qu'elle est !
Qu'elle me plaît, Toute Ingratte qu'elle est !
Qu'el- le me plaît, Toute Ingratte qu'elle est !

Iris n'est plus icy, Tout languit
Basse-Continue.

de tri- stesse : I- stesse : Et
Basse-Continue.

l'on entend sans cesse, L'Echo redire ain-

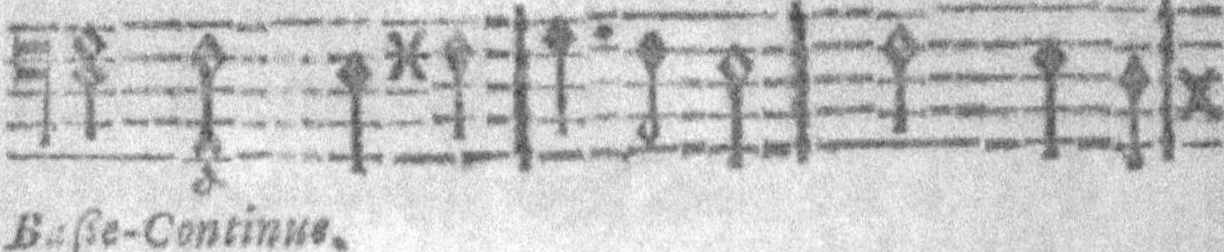
Basse-Continue.

Basse-Continue.

Basse-Continue.

Second Couplet.

Dans ce triste séjour,
Tout gemit, tout soûpire:
Et chacun ne respire,
Que d'Iris le retour;
Tout gemit, tout soûpire,
Dans ce triste séjour.

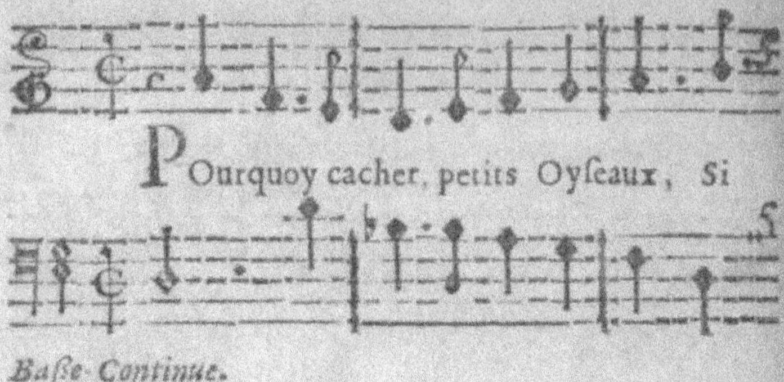

Baſſe-Continue.

Baſſe Continue.

Baſſe-Continue.

Second Couplet.

Lorsque dessous ces Chesnes verds,
Vous verrez Celimene :
Sur le plus tendre de vos Airs,
Parlez-luy de ma peine
Vous chantez tout le jour,
Chantez-luy mon amour.

Troisiéme Couplet.

Quand je vous dis tous mes secrets,
Ce n'est pas pour les taire :
Vous pouvez san être indiscrets,
Les dire à ma Bergere,
J'ay peur de son courroux,
Mais vous, que craignez-vous ?

Y iij

DUO.

QUe craignons-nous de l'Amour qui nous
Que craignons-nous de l'Amour qui nous
blesse? Que craignons-nous, Des traits
blesse? Que craignons-nous, Des traits

d'un Dieu si doux? Nos cœurs sont
d'un Dieu si doux? Nos cœurs sont

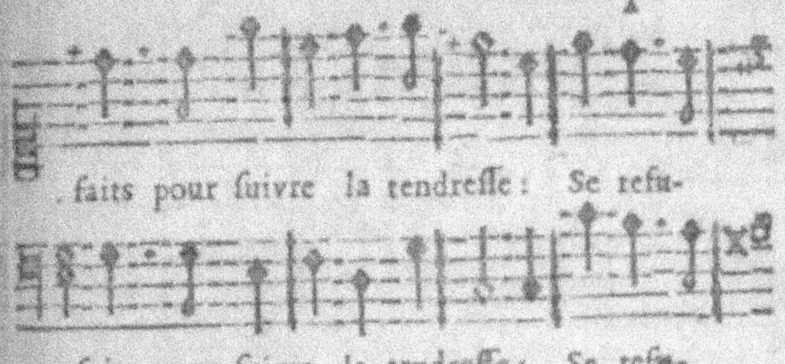
faits pour suivre la tendresse : Se refu-
faits pour suivre la tendresse : Se refu-

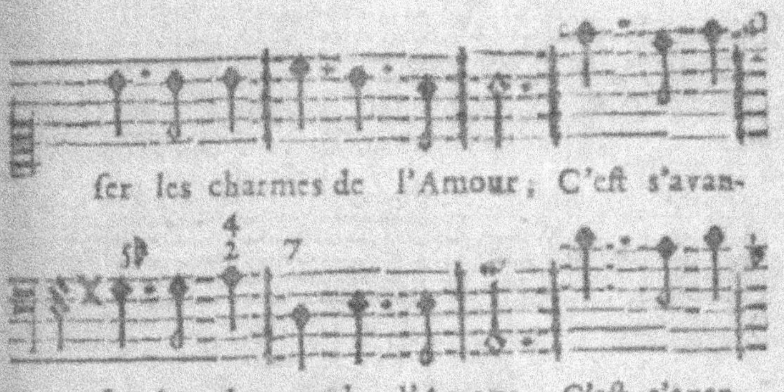
ser les charmes de l'Amour ; C'est s'avan-
ser les charmes de l'Amour ; C'est s'avan-

cer le sort de la viel- lesse,
cer le sort de la viel- lesse,

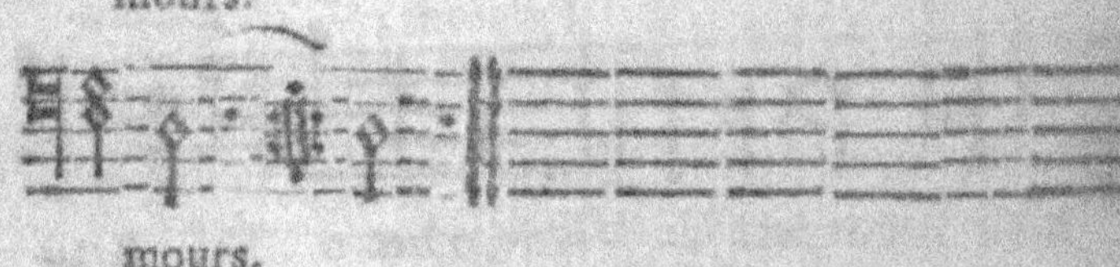

Second Couplet.

Rougirons nous que l'Amour nous engage
Rougirons nous,
Les Dieux luy cedent tous?
Tranquiles cœurs quel eſt vô re avantage,
Vôtre repos n'eſt point troublé d'ennuis:
Mais les Amants dans leur doux efclavage,
Trouvent encor de plus heureuſes nuits.

FIN DES BRUNETES.

CHANSONS

CHANSONS
A DANSER EN ROND.

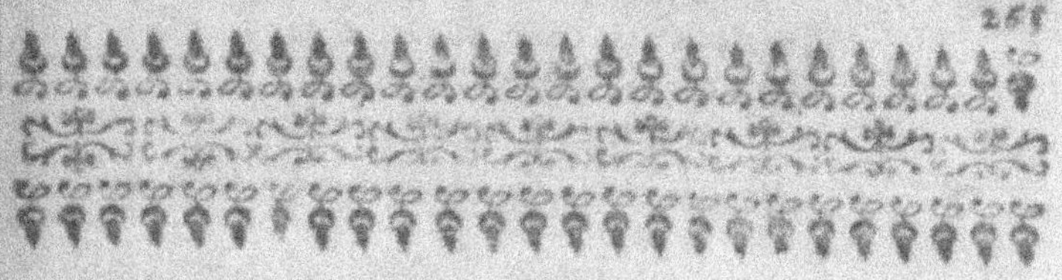

N'a vous pas vû paſſer, bis.
Marguerite ma mie ?
O lire o lire ;
Marguerite ma mie, o lire o la.

Je donrois cent écus , *bis.*
Qui diroit où est ma mie ,
    O lire o lire ,
Qui diroit où est ma mie , o lire o la.

             ✽

Monsieur comptez-les là , *bis.*
Entrez en nôtre Vigne ,
    O lire o lire ;
Entrez en nôtre Vigne , o lire o la.

             ✽

Dessous un prunier blanc , *bis.*
La Belle est endormie ,
    O lire o lire ;
La Belle est endormie , o lire o la.

             ✽

Je la poussay trois fois , *bis.*
Sans qu'elle osât mot dire ,
    O lire o lire ;
Sans qu'elle osât mot dire , o lire o la.

             ✽

La quatriéme fois , *bis.*
Son petit cœur soûpire ,
    O lire o lire ;
Son petit cœur soûpire , o lire o la.

             ✽

Pour qui soûpirez-vous, *bis.*
Marguerite ma mie,
    O lire o lire ;
Marguerite ma mie, o lire o la.

❦

Je soûpire pour vous, *bis.*
Et ne m'en puis dedire,
    O lire o lire ;
Et ne m'en puis dedire, o lire o la.

❦

Les Voisins nous ont vûë, *bis.*
Et ils iront tout dire,
    O lire o lire ;
Et ils iront tout dire, o lire o la.

❦

Laissons les gens parler, *bis.*
Et n'en faisons que rire,
    O lire o lire ;
Et n'en faisons que rire, o lire o la.

❦

Quand ils auront tout dit, *bis.*
N'auront plus rien à dire,
    O lire o lire,
N'auront plus rien à dire, o lire o la.

❦

J'ay fait un lit dessus l'herbette,
O l'on lan la landerira,
Tout parsemé de Violette,
O lon lan la, &c.

Tout parſemé de Violette,
O lon lan la landerira :
Nous n'aurons que nos brebiettes,
O lon lan la , &c.

Nous n'aurons que nos brebiettes,
O lon lan la landerira :
Pour témoins de nos amourettes,
O lon lan la , &c.

Pour témoins de nos amourettes,
O lon lan la landerira :
Par bonheur elles ſont muettes,
O lon lan la , &c.

Par bonheur elles ſont muettes,
O lon lan la landerira :
Si quelque Loup les inquiette,
O lon lan la , &c.

Si quelque Loup les inquiette,
O lon lan la landerira :
Grand Dieu d'amour pren ma houlette,
O lon lan la , &c.

Grand Dieu d'amour pren ma houlette,
O lon lan la landerira :
Garde les brebis de Liſette,
O lon lan la , &c.

Garde les brebis de Liſette,
O lon lan la landerira :
Qui n'eſt legere ny coquette ;
O lon lan la , &c.

Qui n'est legere ny coquette,
O lon lan la landerira :
Je l'aime aussi d'amour parfaite,
O lon lan la , &c.

Je l'aime aussi d'amour parfaite,
O lon lan la landerira :
Plus d'un riche homme la souhaitte,
O lon lan la , &c.

Plus d'un riche homme la souhaitte,
O lon lan la landerira :
Mais par amour son cœur s'achette,
O lon lan la , &c.

Mais par amour son cœur s'achette,
O lon lan la landerira :
Moy seul en puis faire l'emplette,
O lon lan la landerirette,
O lon lan la landerira.

J'oublie en vous cherchant
Mon troupeau ma houlette :
Plaisirs, Amusemens,
Sans vous tout m'inquiette, ô gay ;
Et lon lan la, &c.

Plaisirs , Amusements ,
Sans vous tout m'inquiete :
Et pour vous seulement
Raisonne ma Musette , ô gay ;
Et lon lan la , &c.

Et pour vous seulement
Raisonne ma Musette :
Si ses sons sont touchants ,
Mon amour me les prête , ô gay ;
Et lon lan la , &c.

Si ses sons sont touchants
Mon amour me les prête :
Venus est sûrement
Moins belle que vous n'êtes , ô gay ;
Et lon lan la , &c.

Venus est sûrement
Moins belle que vous n'êtes :
Et moins facilement
D'Amants feroit emplette , ô gay ;
Et lon lan la , &c.

Et moins facilement
D'Amants feroit emplette :
Vous voir à tous moments ,
Est ce que je souhaitte , ô gay ;
Et lon lan la , &c.

Vous voir à tous moments
Est ce que je souhaitte :
De mon empressement
Si le Hameau caquette , ô gay ;
Et lon lan la , &c.

De mon empreſſement
Si le Hameau caquette :
Eſt-il rien en aimant
Qu'Amour ne nous permette ? ô gay ;
Et lon lan la , &c.

Eſt-il rien en aimant
Qu'Amour ne nous permette :
Pour tromper finement
Le Jaloux qui vous guette, ô gay ;
Et lon lan la , &c.

Pour tromper finement
Le Jaloux qui vous guette :
Suivons le doux penchant
De nôtre ardeur ſecrette , ô gay ;
Et lon lan la , &c.

Suivons le doux penchant
De nôtre ardeur ſecrette :
A ce Dieu ſi charmant
Que nos cœurs ſe ſoûmettent , ô gay ;
Et lon lan la , &c.

A ce Dieu ſi charmant
Que nos cœurs ſe ſoûmettent :
On trouve en le ſuivant
Mille douceurs parfaites , ô gay ;
Et lon lan la , &c.

On trouve en le ſuivant
Mille douceurs parfaites :
Quelque ſoit le tourment
Dont ſes faveurs s'achettent , ô gay ;
Et lon lan la , &c.

MOn Pere me veut marier, Mon
Pere me veut marier : Avec le
plus joly Berger, Je saute, je danse, Je
vais en cadence, Et je dis mes Chansons ; Filant ma Quenoüillette, en gardant mes Moutons. Je tons.

Avec le plus joly Bergé, *bis.*
Un bracelet il m'a donné,
Je faute, je danfe,
Je vais en cadence,
Et je dis mes Chanfons ;
Filant ma Quenoüillette, en gardant mes Moutons.

Un bracelet il m'a donné, *bis.*
Un demy ceint d'argent d'oré,
Je faute, &c.

Un demy ceint d'argent doré, *bis.*
Avec l'agraffe à mon côté,
Je faute, &c.

Avec l'agraffe à mon côté, *bis.*
Un beau corfet tout fatiné,
Je faute, &c.

Un beau corfet tout fatiné, *bis.*
Le bavolet bien empezé,
Je faute, &c.

Le bavolet bien empezé, *bis.*
Et la cotte de damaffé,
Je faute, &c.

Et la cotte de damaffé, *bis.*
Des cordons bleus à mes fouliers,
Je faute, &c.

Des cordons bleus à mes fouliers, *bis.*
Voyez fi j'ay lieu d'efperer,
Je faute, &c.

Voyez si j'ay lieu d'esperer, *bis.*
D'êrre sa fidelle moitié,
Je saute, &c.

D'être sa fidelle moitié, *bis.*
En vain on voudroit le tenter,
Je saute, &c.

En vain on voudroit le tenter, *bis.*
Ou par richesse ou par beauté,
Je saute, &c.

Ou par richesse ou par beauté, *bis.*
Sans moy rien ne peut l'arrester,
Je saute, &c.

Sans moy rien ne peut l'arrester, *bis.*
O qu'il est constant mon Berger !
Je saute, je danse,
Je vais en cadence,
Et je dis mes Chansons ;
Filant ma Quenoüillette, en gardant mes Moutons.

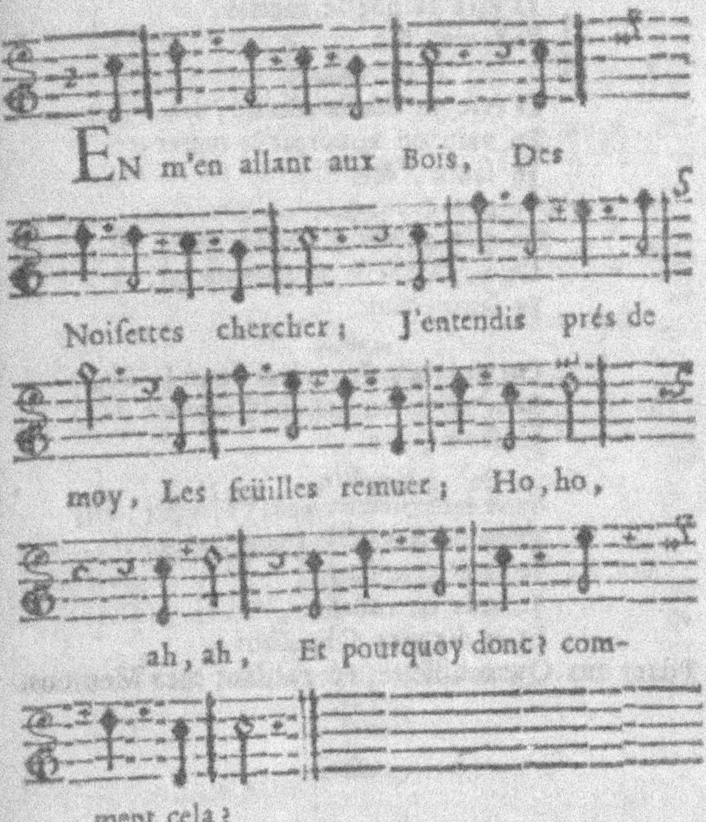

J'entendis prés de moy
Les feüilles remuer,
Moy qui suis curieuse,
Je voulus regarder;
Ho, ho, ah, ah,
Et pourquoy donc? comment cela?

Quand il voit deſſus mon lit
Voler une mouche :
Ce vieux Jaloux a ſi peur
Qu'elle ne me touche ;
A-t'on jamais vû d'Epoux ,
D'humeur ſi farouche ?

Il ne sçauroit me souffrir
Une fleur éclose :
Il a lû pour mes pechez,
La Metamorphose ;
Et croit mon Amant caché,
Sous la moindre Rose.

MA Fille veux-tu un bouquet, Ma Fille
De Marjo- laine ou de Muguet, De Marjo-
veux-tu un bouquet ? Non, non, non, ma Mere
laine ou de Muguet ?
non, Ce n'est point la ma mala- die ; Gay,
gay, quelle Mere j'ay, Qui n'entend pas le bobo de sa Fille ! Gay, gay, quelle Mere
j'ay, Qui n'entend pas le bobo que j'ay !

Ma Fille veux-tu un bonet, *bis.*
De fine toille de Cambray? *bis.*
Non, non, non, ma Mere non,
Ce n'est point la ma maladie;
Gay, gay, quelle Mere j'ay,
Qui n'entend pas le bobo de fa Fille?
Gay, gay, quelle Mere j'ay,
Qui n'entend pas le bobo que j'ay?

Ma Fille veux-tu un mary, *bis.*
Qui foit bien fait, qui foit joly, *bis.*
Oüy, oüy, oüy, ma Mere oüy,
C'eft bien la ma maladie;
Gay, gay, quelle Mere j'ay?
Elle entend bien le bobo de fa Fille?
Gay, gay, quelle Mere j'ay?
Elle entend bien le bobo que j'ay?

Je me plaignois d'elle
Et de sa rigueur ,   } bis.
Luy disant , ma Belle,
Veux-tu pas tourelourirete,
Veux-tu pas lanlanderirete,
Soulager mon cœur ?
Luy disant , &c.

Lors cette folastre
Connût mon deſſein,   } bis.
De ſa main d'albaſtre
Elle me prit tourelourirete,
Elle me prit lanlanderirete,
Elle me prit la main.
   De ſa, &c.

Toûjours l'on voit triſte
Qui d'amour languit ;   } bis.
Nargue de Caliſte,
Et de ſon tourelourirete,
Et de ſon lanlanderirete,
Et de ſon dépit.
   Nargue, &c.

J'eſtois endormie
Deſſous un Prunier,   } bis.
De ſa main hardie
Il me prit mon tourelourirete,
Il me prit mon lanlanderirere,
Il me prit mon pannier.
   De ſa, &c.

Quand je dis que j'aime,
Vous n'en croyez rien ;   } bis.
Suis je pas de même ?
Que l'on eſt tourelourirete,
Que l'on eſt lanlanderirete,
Quand on aime bien !
   Suis-je, &c.

Gay.

HElas! pourquoy s'endormoit - elle,

La pe- tite Jeanneton?   Par un

matin s'est le- véc, La pe- tite Jeanne-

ton; Elle a pris sa faucil- lette, Pour al-

ler couper du jonc. Helas! pourquoy

s'endormoit -elle, La pe- tite Jeanne-

ton?

Elle a pris sa faucillette,
Pour aller couper du jonc ;
Et quand son fagot fut fait,
S'endormit sur le gazon.
  Helas ! &c.

Et quand son fagot fut fait,
S'endormit sur le gazon ;
Par son chemin sont passez
Trois beaux & jeunes garçons.
  Helas ! &c.

Et par icy sont passez,
Trois beaux & jeunes garçons ;
Le premier la regarda,
D'une tant bonne façon.
  Helas ! &c.

Le premier la regarda,
D'une tant bonne façon ;
Le second fût plus hardy,
Mit la main sous le menton.
  Helas ! &c.

Le second fut plus hardy,
Mit la main sous le menton ;
Ce que fit le troisiéme,
N'est pas mis dans la Chanson.
  Helas ! &c.

Ce que fit le troisiéme,
N'est pas mis dans la Chanson :
C'est à vous, Mesdemoiselles,
D'en déviner la raison.
  Helas ! &c.

A N C I E N.

R E F O R M E'.

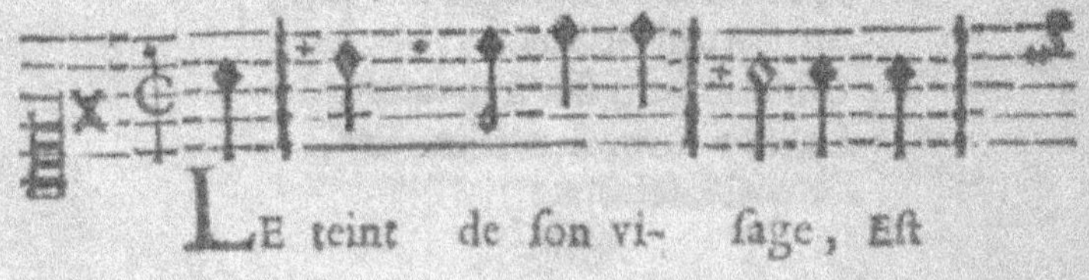

Du Thin & de Lavande,
D'odorant serpolet,
Elle a une Guirlande,
Que ses beaux doigts ont fait ;
Aussi je dis ;
Qu'une adresse si grande
La fait nommer tout net,
Griselidis.

Elle a la treffe blonde,
Plus blonde que fin Lin :
Qui va flottant par onde ;
Jufques fur fon blanc fein ;
     Auffi je dis ;
Que parmy tout le monde
On la nommoit fans fin,
     Grifelidis.

Quand elle orne fa tefte,
Qu'elle a fes beaux atours :
Auprés d'elle s'arrefte
Un gros effain d'Amours ,
     Auffi je dis ;
Qu'en nos plus belles feftes ,
On la nommoit toûjours ,
     Grifelidis

Au fon de fa Mufette,
Accordant fes Chanfons :
Ainfi qu'une Chevrette,
Elle faute par bonds ;
     Auffi je dis ;
Que fi jeune & follette
Par tout la nomme t'on,
     Grifelidis.

Sans chercher l'opulence,

Tranquille dans nos Bois :

Elle a son innocence,

Et sa charmante voix,

  Aussi je dis ;

Qu'elle a plus de constance,

Que n'en eût autrefois,

  Griselidis.

Ses jours que dans la Plaine

Nous dansons aux Chansons :

D'une voix plus qu'humaine

Elle anime nos sons,

  Aussi je dis ;

Que la belle Climeine,

Surpasse sans façon,

  Griselidis.

Ce n'est pas vous qu'on chante ,

Bergeres du vieux temps :

C'est la Blonde charmante

Qui cause nos tourments,

  Aussi je dis ;

Que la Belle est contente ,

D'estre en nos jolis chants,

  Griselidis.

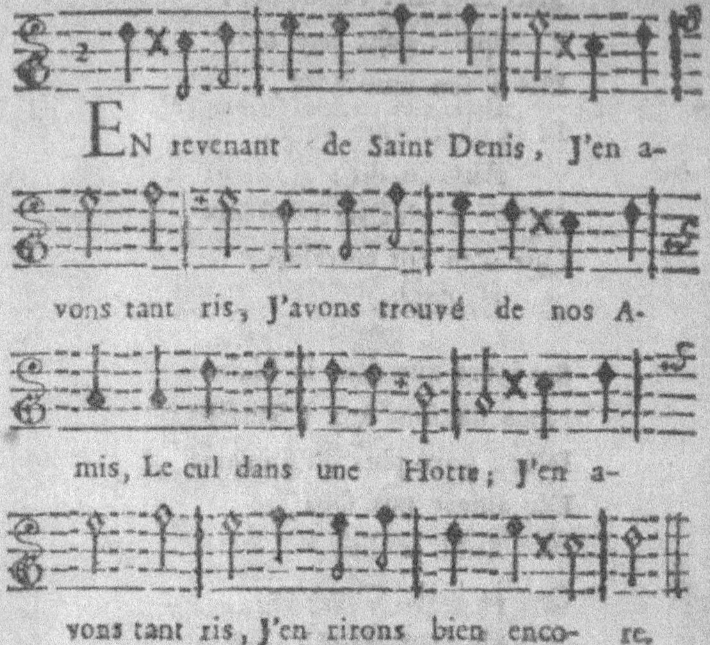

J'avons trouvé de nos Amis
J'en avons tant ris,
Ils n'étoient blancs, mais étoient gris
Le cul dans une Hotte,
J'en avons tant ris,
J'en rirons bien encore.

Ils n'étoient blancs, mais étoient gris
J'en avons tant ris,
Sur un Afne fe font affis
Le cul dans une Hotte,
J'en avons tant ris,
J'en rirons bien encore.

Sur un Afne fe font affis
J'en avons tant ris,
L'Afne verfe entrant à Paris
Le cul dans une Hotte,
J'en avons tant ris,
J'en rirons bien encore.

L'Afne verfe entrant à Paris
J'en avons tant ris,
Dans un tas de bouë les a mis
Le cul dans une Hotte,
J'en avons tant ris,
J'en rirons bien encore.

Dans un tas de bouë les a mis
J'en avons tant ris,
En fe relevant ils ont dit
Le cul dans une Hotte,
J'en avons tant ris,
J'en rirons bien encore.

J'rencontray Climein'
Me mis à ses genoux ;
Luy disant, ma Belle,
Donnez moy secours ;
Si je vous prie de m'aimer,
Me refuserez-vous ?

Luy disant ma, Belle,
Donnez-moy secours :
Ceux que vos yeux blessent,
Les gueriffez-vous ?
Si je vous prie de m'aimer,
Me refuserez-vous ?

Ceux que vos yeux bleſſent,
Les gueriſſez-vous ?
J'aurois trop à faire,
Berger, taiſez-vous ;
Si je vous prie de m'aimer,
Me refuſerez-vous ?

J'aurois trop à faire,
Berger, taiſez-vous :
J'apperçois ma Mere,
Entrant en courroux ;
Si je vous prie de m'aimer,
Me refuſerez-vous ?

J'apperçois ma Mere,
Entrant en courroux :
Je ne vous dis rien,
Berger, vous ſçavez tout ;
Si je vous prie de m'aimer,
Me refuſerez-vous ?

FIN DES CHANSONS A DANSER.

EXTRAIT DU PRIVILEGE.

PAR Lettres Patentes du Roy données à Arras l'onziéme jour du mois de May mil six cent soixante & treize, Signées LOUIS; Et plus bas, Par le Roy, COLBERT; Scellées du grand Sceau de cire jaune : Verifiées & Regiſtrées en Parlement le 15. Avril 1678. Confirmées par Arreſts contradictoires du Conſeil Privé du Roy des 30. Septembre 1694. & 8. Aouſt 1696. Il eſt permis à CHISTOPHE BALLARD, ſeul Imprimeur du Roy pour la Muſique, d'Imprimer, faire Imprimer, Vendre & Diſtribuer toute ſorte de Muſique, tant Vocale, qu'Inſtrumentale, de tous Auteurs : Faiſant défenſes à toutes autres perſonnes, de quelque condition & qualité qu'elles ſoient, d'entreprendre, ou faire entreprendre ladite Impreſſion de Muſique, ni autre choſe concernant icelle, en aucun lieu de ce Royaume, Terres & Seigneuries de ſon obeïſſance, nonobſtant toutes Lettres à ce contraires; ni même de Tailler, ni Fondre aucuns Caracteres de Muſique ſans le congé & permiſſion dudit Ballard, à peine de confiſcation deſdits Caracteres & Impreſſions, & de ſix mille livres d'amende, ainſi qu'il eſt plus amplement declaré eſdites Lettres : Sadite Majeſté voulant qu'à l'Extrait d'icelles mis au commencement, ou fin deſdits Livres imprimez, foy ſoit ajoûtée comme à l'Original.